韩跃红 编著

云南出版集团公司
云南教育出版社

太阳转身的地方——墨江之谜

**图书在版编目（CIP）数据**

太阳转身的地方：墨江之谜/韩跃红编著.——昆明：云南教育出版社，2012.1
（经典云南丛书）
ISBN 978-7-5415-6139-9

Ⅰ.①太… Ⅱ.①韩… Ⅲ.①墨江哈尼族自治县-概况 Ⅳ.①K927.44

中国版本图书馆CIP数据核字(2011)第281999号

| 书　　名 | 太阳转身的地方——墨江之谜 |
|---|---|
| 作　　者 | 韩跃红 |
| 策 划 人 | 李安泰　杨云宝 |
| 组 稿 人 | 吴学云 |
| 出 版 人 | 李安泰 |
| 责任编辑 | 杨云宝 |
| 装帧设计 | 向　炜 |
| 责任印制 | 赵宏斌　张　旸 |

云南出版集团公司
云南教育出版社　出版发行

昆明市环城西路609号 www.yneph.com
全国新华书店经销
云南新华印刷实业总公司一厂印刷
2012年1月第1版　2012年1月第1次印刷
787毫米×1092毫米　1/32开本　2.25印张　60千字

ISBN 978-7-5415-6139-9
定价 4.80元

# 总　　序

云南，从渺远神秘而又带着蛮荒色彩的"彩云之南"走到今天，一步一个脚印跋涉在中华大地上。

云南山水，多娇诱人。

闻名遐迩的喀斯特地质奇观石林，奇妙无比。

迷人的高原深水湖泊抚仙湖，凝波如玉。

秘境香格里拉的高山草甸，杜鹃如火；巍峨雪山，苍茫古远。

低纬度的明永冰川，从古流到今；高黎贡山的各色鲜花，从冬开到夏。

大理的风花雪月，丽江的小桥流水，版纳的原始森林，腾冲的地热奇景，泸西的阿庐古洞，怒江的东方大峡谷，令人陶醉。

七彩云南，蕴涵的又何止是奇山美水？！

这里，有寒武纪早期生物大爆炸的典型：澄江动物化石群。这里，诞生了中国最古老的人类：元谋人。这里，曾崛起过古滇国、哀牢国、南诏国、大理国。这里，有蜀身毒道、秦五尺道、茶马古道、滇缅公路、驼峰航线。这里，有世界上唯一活着的象形文字"东巴文"。这里，出现了中国第一个海关、第一座水电站、第一条民营铁路。

这里，有与黄埔军校齐名的云南陆军讲武堂。

这里，爆发过反对清王朝统治的重九起义。

这里，在袁世凯复辟帝制时，率先通电全国，举起了护国运动的大旗。这里，举办过名垂青史的西南联大，并爆发了震惊全国的"一二·一"运动。这里，曾经涌现了杨振鸿、张文光、蔡锷、李根源、唐继尧、庾恩旸、刀安仁、杨杰、罗炳辉等一个个热血汉子；这里，也曾经孕育出书法家钱南园、医药家兰茂、数学家熊庆来、哲学家艾思奇、音乐家聂耳、诗人柯仲平、舞蹈家杨丽萍、诗书画三绝的担当大师等文化奇才。

朱德、叶剑英，在这里留下了坚实的足迹；徐霞客、杨慎，在这里留下了自己的千古绝唱。

这里还有神奇的云南白药、剔透如玉的云子、独树一帜的普洱茶。

这里的僰人悬棺、纳西古乐、摩梭走婚、白族三道茶、彝族跳菜等滇人风貌和民族风情，更是诉说不尽。

"经典云南丛书"像一根线，把散落于三迤大地的粒粒圆润闪亮的珍珠串连起来，呈现于您的眼前，让您清晰地看到云南山水奇观、人文历史和民族风俗的经典篇章，让您在愉快的阅读体验中增加知识、增长见闻、解密未知。

"经典云南丛书"为百科式解读云南的通俗性读物，融知识性、趣味性、探秘性与时代性为一体，以一种新的视角和叙述方式展现云南的独特之美，以满足人们了解云南、探秘云南、遨游云南的愿望，希望我们所做的一切已达到了。

编　者

# 目 录

导 言 …………………………………………………………… 1

一、太阳转身的地方：回归之城 ………………………………… 5

二、"墨水成江"：墨江县名的来历 …………………………… 15

三、多产双胞胎之谜 ……………………………………………… 20

四、盛产紫米为哪般 ……………………………………………… 28

五、墨江黄金的盛名 ……………………………………………… 33

六、哈尼先祖定居的沃土 ………………………………………… 39

七、"封火楼"的浪漫爱情 ……………………………………… 49

八、神秘的新抚岩画 ……………………………………………… 56

九、"万燕之城"的由来 ………………………………………… 61

# 导　　言

在很多人眼里，墨江是一个名不见经传的小县，她栖身于滇南腹地，仅仅是通往思茅和西双版纳的一个必经之地，一个停车歇脚的"驿站"，没有人会为了它而不远万里特地前来。墨江人一直在静静地看着一批批过客，来了又走了，很少有人在途中给墨江以留恋的回望。然而，时至今日，人们惊鸿一瞥，突然发现："太阳转身的地方"已成为墨江响亮的代名词，原来破旧、脏乱的墨江县城已经变成一座极富现代气息的"回归之城"。自从2005年墨江创办了"中国·墨江北回归线国际双胞胎节暨哈尼太阳节"以来，"回归之城"、"哈尼之乡"、"双胞之家"已然成为墨江哈尼族自治县三张亮丽的名片，古朴的墨江人借这三

墨江县城的标志：太阳广场

张名片亮相于中国，闯入了世界！于是，一批批游客在每年的"五一"前后云集墨江，"国际双胞节"的盛况一届盛于一届，双胞胎兄弟姐妹和想生双胞的伉俪纷纷来到墨江，又怀揣热望回到世界各地；热衷于哈尼文化的专家学者更是这里的常客，他们就像百花园里的蜜蜂，尽情采撷着九个哈尼支系的文化素材；每年的夏至日，好奇探究北回归线奇境的游客更是纷至沓来，观览太阳回归之线。

不管是什么人，以什么目的游历墨江，都有一个共同的感受，那就是"小城的故事特别多"。回归线、双胞胎、哈尼文化、紫米、金矿、"烽火楼"闺房、"摸搓搓"葬礼、岩画之秘、万燕翻飞、摸你黑、情果红、十月年……这些词语表征着墨江的独特，又掩藏着许多说不清、道不明的神奇传说。其中，有的是科学可以解答的自然之谜，但更多的是尚未破解的科学难题；有的文化现象有历史记载可考，但更多的是传说和争议。也许墨江的魅力正在于这么多谜团奇雾，把墨江装扮成一个披着神秘面纱的少女，她含羞看着纷繁喧嚣的世界，保持着一路走来的那般古朴、宁静和清纯。如果你想掀开这位神奇少女头上的面纱，如果你想了解墨江，就要走进墨江，亲览这个滇南小城。

墨江哈尼族自治县位于云南省南部，是普洱市的北大门，距省会昆明270公里，离普洱市163公里，是昆曼国际大通道上的重镇之一。全县总面积5312平方千米，东西窄、南北长，形似一条斜卧在玉溪与普洱两市之间的纺锤，其东及东南与红河哈尼族彝族自治州红河县、绿春县接壤，南与江城哈尼族彝族自治县为邻，西与宁洱哈尼族彝族自治县隔把边江相望，西北与镇沅哈尼族彝族拉祜族自治县连接，北及东北与玉溪市新平彝族傣族自治县、元江哈尼族傣族自治县交界。县人民政府驻地联珠镇。

墨江自然地理属云贵高原西南边缘、横断山系纵谷区东南段，即哀牢山中段主脉以西的土石山区，地势自西北向东南倾斜。境内山高谷深，河流纵横，最高点为东北部碧溪乡的大尖山，海拔2278米，最低点在南部泗南江乡的榄皮河与龙马江汇流处，海拔478.5米。全县山区半山区占99.98％，丘陵谷地仅占0.01％，地貌类型复杂多样。主要河流有把边江、泗南江、阿墨江、他郎河、布竜河、坝干河、那卡河、杩木河，简称为"三江五河"，均属红河水系。县城环境优美，气候宜人，属亚热带气候类型，全年平均气温为18.3℃，全年平均降雨量为1338毫米，夏无酷暑、冬无严寒，素有"春城中的春城"之称，是典型的立体气候。上万只飞燕长年驻足于县城，与人和谐相处，为县城增添了一道独特的景观，被誉为"万燕之城"。

墨江历史悠久，曾名"恭顺"、"他郎"。在两汉、三国、南诏、南北朝时为益州郡、梁永郡和银生节度地。大理国时期，先为威楚府因远部和马龙辖地。元代属元江路马龙部。明代开始设治，嘉靖十二年（1533年），以他郎寨长官司地置恭顺州（州治在今碧溪乡），清雍正十年（1732年）改设为他郎抚彝厅，置流官通判。乾隆、宣统时，先后改为普洱府和他郎厅。民国二年（1913年）废厅改县，民国四年（1915年）改他郎县为墨江县。1949年1月7日墨江县城解放，1950年5月4日正式成立墨江县人民政府，1979年7月30日经国务院批准成立墨江哈尼族自治县，是全国唯一的哈尼族自治县。全县辖2镇13乡：联珠镇、通关镇、新安乡、孟弄乡、团田乡、新抚乡、景星乡、鱼塘乡、龙潭乡、文武乡、泗南江乡、坝溜乡、那哈乡、雅邑乡、龙坝乡，下设164个村民委员会，4个居民社区，2311个村民(居民)小组。

2010年第六次全国人口普查显示：墨江县总人口360507人，其中居住在农村的人口占76.37%，少数民族人口占75.21%。境内居住着哈尼、汉、彝、傣、拉祜、布朗、瑶、回、白、普米等25个民族，其中，人数最多的是哈尼族22万多人（哈尼族有12个支系，墨江有9个支系），占全县总人口的61.63%。哈尼族语言属汉藏语系藏缅语族彝语支，又分为哈雅、碧卡、豪白三个方言区，没有传统文字。

墨江资源丰富。已查明水资源总量达50.35亿立方米，人均14370立方米，水电装机理论容量达124.24万千瓦。全县已发现的金属矿种有30种，探明储量提交地质报告的有金矿、银矿、硅酸镍矿、钴矿、硒矿、石棉矿、水泥用石灰石等。其中，黄金储量较大，已探明31吨，年生产黄金万两；镍储量33.3吨，居全国第二。墨江旅游资源比较丰富，除了闻名遐迩的北回归线标志园、太阳广场、碧溪古镇外，还有待开发的万亩中华桫椤群、新抚岩画、坝拦河"冬钓胜地"等。

改革开放以来，墨江县经济社会发展迅速，形成以烤烟、茶叶、橡胶、松脂、畜牧、林产为骨干，紫胶、紫米、药材等协调发展的农业产业结构。紫胶产量全国第一，墨江紫米因有"贡品"之名而远销京、津、沪、杭，是全国有名的"紫胶之乡"、"紫米之乡"。新中国成立初期，墨江县只有茶厂、土纸厂等几家手工作坊，现已建成冶金、电力、建材、林产、化工等工业门类。墨江金矿曾经是云南省黄金行业最大的生产企业，是县财政收入的重要支柱。墨江县的紫米酒两次荣获国际金奖，改写了"云南只有名烟没有名酒"的历史。2010年，墨江全县生产总值24.6亿元，农民人均纯收入达到2658元，人均有粮保持在380公斤左右。2011年10月18日，以云南海王水产有限公司墨江罗非鱼片加工厂开业投产为标志，掀开了墨江县依托水电库区发展生态渔业的新篇章。新兴产业——渔业把近2万人的水库"移民"转变为了"渔民"，改变了他们千百年来以"土"为生、"靠山吃山"的生产方式。

生活在墨江的哈尼人民，是一个从北方游牧民族经过漫长的迁徙而诞生的稻作农耕民族，他们在伴随着苦难和艰辛的迁徙过程中，全凭强记博闻，一代传一代地传承着许多动人心魄、扣人心弦的宏大诗篇和古歌，反映了哈尼人的民族精神和民族个性，成为中华民族文苑百花园中的奇葩。哈尼人在开垦梯田方面令人叫绝的意志力和想象力充分体现了这个民族对自然的理性顺应和卓越改造；以黑为美的民族审美观念，反映了哈尼族大山般的深沉和厚重，头上的"吴芭"刻录着祖先迁徙的历史，胸前的银饰记载了宇宙万物的起源，哈尼人民用勤劳的双手和超凡的智慧创造了绚丽多彩的哈尼文化，神奇的自然之谜和多彩的哈尼文化在这里交相辉映，相映成趣，使越来越多的有识之士探寻墨江之谜。

## 一、太阳转身的地方：回归之城

对许多游客来讲，第一次感到墨江的神秘，还是因为那条闻名遐迩的北回归线。北回归线把坐落于群山之中的墨江县城一劈两半。北回归线使这个地方有了许多美丽的传说和神奇的自然现象。

北回归线是天文学家在地球上设定的具有特定意义的标志线。由于回归线、赤道、极圈及本初子午线所具有的特定天文、地理含义，故历来成为划分热带、温带、寒带的分界线。科学家们把太阳在北半球能够直射到的离赤道最远的位置，命名为北回归线。也就是说，一旦太阳直射到这条线，就不再北移，而是调头南移，"太阳转身的地方"也由此而来。因此，北回归线实际上是一条纬线，大约在北纬23.26度的地方，但这个位置并非固定不变，只是在北纬23.26度正负一度的范围内变化。1976年在第十六届国际天文学联合会上，决定将2000年的回归线位置定为23度26分21.448秒。

由于北回归线是太阳光直射在地球上最北端的界线，所以每年夏至日（6月22日左右），太阳直射点在北半球的纬度达到最大，此时正是北半球的盛夏，此后太阳直射点转为南移。北回归线和南回归线的形成与地球运动有着密切的联系。地球在围绕太阳自西向东公转时，它本身也在围着地轴自转，而地轴是倾斜的，这个倾斜的角度为23.5度的夹角（称为黄赤交角），这使得太阳直射点只能在南北回归线之间运动，最北只能到达北回归线，最南只能到达南回归线。由于太阳始终在北纬23.26度附近和南纬23.26度附近的两个纬度圈之间周而复始地循环移动，因此，北回归线至南回归线以内的区域每年太阳都要直射两次，获得的热量最多而成为热带。北回归线也成为热带和北温带的分界线，南回归线成为南温带与热带的分界线。南极圈、北极圈则是90度减去回归线的度数，分别是南温带与南寒带、北温带与北寒带的分界线。

在地球上，北回归线所经过的地方，大部分为海洋，经过陆地的十六个国家和地区，主要是：中国、缅甸、印度、孟加拉、阿曼、阿拉伯联合酋长国、沙特阿拉伯、埃及、利比亚、阿尔及利亚、西撒哈拉、巴哈马、墨西哥等。由于地表起伏状况和大气环流形势，或其他多种因素包括人为因素的影响，在西亚和北非，北回归线两侧竟成为宽阔的荒漠草原地带，大都属于干燥的沙漠气候。而在亚洲大陆东部，包括中国、缅甸、孟加拉国及印度的东部，因山脉纵横，河流交错，雨量充沛，大地上布满了绿色之树。同时，其气候随山脉的海拔高度而变化，这种得天独厚地垂直状态的立体气候，呈现出与干旱沙漠地带浑然不同的自然景观和生态系统。

北回归线在我国自西向东依次穿过云南、广西、广东、台湾。分别建有北回归线纪念碑：西畴县、墨江县的北回归线公园、桂平北回归线公园、汕头北回归线标志、广州从化北回归线标志、封开北回归线标志、台湾的嘉义县水上乡、花莲瑞穗乡、花莲丰滨乡三座北回归线纪念碑。西畴线的北回归线公园坐落在县城西面的出入口处，与县城隔一道山峡，海拔1526米，是中国海拔最高的北回归线标志。主标志名"回归亭"，呈飞碟状，看来像亭又像塔。回归亭四周均有窗，顶部正中间有一圆形天窗，与亭内大厅之中央相对应，作为夏至日观测太阳直射之用。

同其他北回归线通过地相比较，墨江有哪些独特之处呢？首先，根据美国一家权威杂志的描述，墨江是全球北回归线上最完美的一块绿洲，有"绿色宝石"之美称。第二，墨江是唯一一个北回归线穿城而过的县城。北回归线把墨江县城一分为二，以北约三分之一属于北温带，以南约三分之二属于热带。第三，墨江建有全球建筑规模最大、功能最完整的北回归线标志园。墨江北回归线标志园是国家AAA级旅游景区，也是云南省科普教育和爱国主义教育的基地。

墨江北回归线标志园位于县城西边的登高架梁子上。1982年经云南省人民政府批准，在墨江县建省级北回归线标志园。工程于1993年开工，2005年4月竣工，占地面积200余亩，投资2344万元。墨江北回归线标志园是一个融天文、地理、植物、科普、旅游文化为一体的地理标志实体，以2038年北回归线的实际位置（北纬23.26度）为主轴线，截北回归线上500米地段，依山势走向布局了十二个建筑系列，由低到高依次排列为：回归之门、太阳之路、夸父追日、石环、超越、日月交辉、日晷广场、窥阳塔和主标馆、双子星广场、天文馆、石阵广场、自然取火台。

1．回归之门。圆形的拱门象征着地球的公转轨道，中间用玻璃镶嵌的线便是北回归线，每年的6月21日或6月22日，太阳便直射在北回归线上。回归之门后上升的台阶墙上分别雕刻着七幅巨型石画。第一幅石画中间是一个太阳，周围是一群白鹇鸟。意为哈尼族是一个崇拜太阳的民族，吉祥物便是素有"鸟类王子"之称的白鹇鸟。第二幅石画中表现了哈尼族是一个居住在半山腰的勤劳民族，他们用自己辛勤的双手，创造出了举世闻名的"梯田文化"。第三幅石画是哈尼族的祖先曾居住在一个名叫"诺玛阿美"的地方，那里云雾缭绕，溪水环绕。第四幅石画表现了白鹇鸟是哈尼族的吉祥物。相传很久以前，有一位哈尼老人到山里打猎，他翻山越岭，疲惫不堪，后来晕倒在一棵大树下，正巧树上栖息着一只美丽的白鹇鸟，它衔来珍贵的药草给老人吃下，奇迹般地救活了哈尼老人，白鹇鸟便在一旁翩翩起舞，以示庆贺。从那以后，哈尼族把白鹇鸟奉为吉祥鸟，它给哈尼人民带来了吉祥、如意、平安。第五幅石画表现了哈尼族崇拜太阳。在哈尼人民心中，太阳是不怒而威的天神，他有着卷曲到眼梢的浓密长眉，硕大的鼻孔和能把一切都吞噬的巨口。第六幅石画"上白鹇、下白虎",哈尼、彝族乃一家。白鹇代表哈尼族,白虎代表彝族。早在远古时期,哈尼族和彝族同属氏羌族,在民间有"哈尼哈俄起玛然"的说法。后来在漫长的南迁途中,逐渐分离出来,形成了不同的民族,哈尼族与彝族和睦相处,共同发展。第七幅石画是太阳。太阳是万物之母,它发出万丈光芒,孕育了大地上的一切生物。

北回归线标志园:回归之门和太阳之路

2. 太阳之路。中间的五棵柱子为"五行柱",五行即金、木、水、火、土。古人认为,万事万物都是由这五大元素组成,五行相生相克,促使了物质世界的发展。看一眼石柱上面的图腾便可判断,东方苍龙、西方白虎、南方朱雀、北方玄武。"万物生长靠太阳",东方柱子的属性便是木,南方气候炎热,属性为火;西方太阳落山,草木不生,属性为金;北方气候寒冷,属性为水;中间的自然就是土柱,万物生于土,死于土,土是万物之母。此外,它还是一种古老历法的体现。在远古时候,哈尼族使用"十月太阳历"来记事和进行农事活动。"十月太阳历"把一年分为五季,即木、火、金、水、土,一季有两个月,一个月有36天,一年就有360天,剩下的5天便用来过年。在夏天过一个年,也就是哈尼人常说的"六月年",哈尼语叫"苦扎扎节",一般在农历五月或六月的第一个属猪日和鼠日,节期为2~3天,是祭天祈求丰收的节日。在冬天过一个年,就是"十月年",也叫"米色扎"。一般在农历十月第一个属龙的日子开始,也是2~3天,用来庆贺粮食丰收的节日。

3. 夸父追日。这是一幅大型石雕,左上角有一个太阳,右边有一个人在追逐着太阳奔跑,下面的图则是他在途中休息,显出一副劳累的样子。

4. 石环。取材于古代的石环布局,由69块石杆按一定距离排列成一个直径为32米的环形建筑,环内建有5座石门,用以测算一年当中的24节气。由于石杆与石门的排列及间距同每年主要节

石环

令日中太阳与月亮起落时所投下的阴影有关,因此,古人每月从太阳、月亮起落时的投影情况,就能大至推测出24节气,又以各节气中的投影情况推测出各季节来去的时间。石环说明,古人已经掌握一些日月运动的规律,并利用它指导农事。

5. 超越。这是座白色螺旋上升的塔,隐喻人类社会的发展是螺旋式不断上升的,这个过程并不是一帆风顺,而是曲折的。走上塔顶,可一览墨江县城的美景。塔边,种植着代表温带和热带的特色植物,热带为棕榈科植物,北温带则是阔叶植物。

6. 日月交辉。一个直径40多米的水池中间,有一大一小两个重达16吨的圆球,分别代表了太阳和月亮。在这里,可以看到一种非常奇特的天文现象,即"日月交辉"。在夏末秋初的时候,太阳还没落山,月亮开始升起,两个球便会产生两个不同方向的投影且交织在一起,"日月交辉"由此得名。关于太阳和月亮的形成,哈尼族有一个感人肺腑的民间故事。相传古时候,人们幸福安定地生

活在一个小山寨中，但是，不幸的事发生了，寨中的小孩相继失踪，且都是在一块巨大的石头附近消失的。于是，大人们便请来寨中有威望的"摩匹"（巫师）帮助找寻失踪的小孩。摩匹看到这块大石头，便说："这块石头是一个会吃人的母石怪，孩子肯定是被它吃了。"人们一听，便马上用锄头、铁锹等工具把石头砸开，里面果真有些心肝五脏。为了让母石怪不在复活，大家决定把母石怪分开掩埋。他们把母石怪的身体、手、脚砍开，分别埋在田里、山头。由于时间关系，只来得及把头放在东边的山上，等第二天再埋。但第二天一早，人们发现母石怪的头不见了，而天上却多了个太阳。原来，太阳出来时，看到母石怪，便在它头上呵了一口热气，让它升上天空与孤独的自己做伴，于是母怪石变成了母太阳，还怀了孕。这下可不得了！两个太阳的炙热阳光使得农田干涸，民不聊生。哈尼族的十二头人便集中在一起商议，决定派一位勇敢的小伙子把太阳射下来。由于小伙子力大无穷，结果把两个太阳都射了下来，公太阳当场命毙，母太阳则身负重伤掉落在东海边。顿时大地陷入一片黑暗，作物不长，十二头人又只好派人把母太阳请回来。此时，东海边的母石怪已经奄奄一息，它生下了一对兄妹。

**俯瞰北标园**

死前，母石怪向儿女忏悔了自己的过错并叮嘱他们不能结为夫妻，而且要去找两块肉吃掉，这样一来，他们就可以升天给人类带来光明。但温柔多情的妹妹不愿与哥哥分开，哥哥只好趁妹妹睡着的时候偷偷找肉吃，此时，恰好碰到十二头人正在分麂肉，他便悄悄拿了两块，一块自己吃，一块留给妹妹。吃完后，哥哥全身发光，慢慢升上了天空，变成了太阳。

10

妹妹睡醒后,发现身旁留着一块肉,抬头一看,哥哥已经在半空中了,她抓起肉大口大口地吃起来,等到她吃完去追哥哥的时候,哥哥已经进入西山了,自己却变成了永远追寻太阳的月亮。至今,哈尼山歌里还有这样一段调子:"太阳落山月亮起,月亮追着太阳去;世世代代追不着,兄妹不能做夫妻。"

日晷

7. 日晷广场。由日晷、回音壁组成。日晷是古时的一种计时工具,根据晷针的投影,来判断当地的时间。

8. 窥阳塔。高为23.26米,与北回归线的地理纬度数一致,在塔顶有一个"窥阳孔",每年夏至日那天,可在此观看到"立竿不见影"的奇观。窥阳塔后面是一个展厅,远远望去,就像是一个地球,这就是"主标馆",在展厅内,陈列了许多科普知识展板,介绍了北回归线的形成及一些天文科普知识。

9. 石阵广场。由十二根石柱组成,代表着哈尼族的十二个支系。在墨江,居住着哈尼族当中的碧约、豪尼、卡多、白宏、西摩洛、腊米、切弟、阿木、卡别九个支系。最南面的巨大的柱子上有一个小球,当太阳照射到小球上时,便会在地面产生一个投影,当正午时,小球的投影便会落到地面的这条阴影里,每逢二十四节气时,正午,大概是北京时间

窥阳塔和后面的主标馆

11

13点15分左右，小球的投影便会落在这些射灯的上面，那么，夏至正午，小球的影子便在它的脚下，也就是"立竿不见影"，红线便是当日太阳运动的轨迹。到冬至时，小球的投影点最远。由于地球绕太阳公转的轨道是一个椭圆形，使得各个季节太阳升起和落下的方位不同。只有春秋分的时候，太阳才是从正东方升起、正西方落下。

双子星广场

10．双子星广场。这里有一个高大的石雕，前面的雕像表示的是一对夫妻，在这片风水宝地上，妻子孕育出了一对双胞，后面的那座浮雕便是双胞胎。石雕后面摆放着石头做成的"双胞床"，想生双胞胎的夫妻可到床上睡一下，然后，许个心愿，在铁栅栏上挂上"幸运锁"，双胞兄弟或姐妹则可以在此挂上"同心锁"。旁边两棵高大的树便是"双胞树"，它是由两棵树组成的，有的哈尼族寨子还以此树作为他们举行祭祀活动的"竜树"。

11．天文馆。在双子星广场的南面，银白色的像飞碟似的建筑物就是"天文馆"。"天文馆"上面有一台直径为40厘米的天文望远镜，可以在晴朗的夜晚观看月亮及九大行星，是进行科普知识教育的最佳场所。

12．哈尼取火台。顾名思义是哈尼族用来进行神圣取火仪式的广场。由三条气势磅礴的龙组成了哈尼族家里火塘中常用的三角灶。火塘在哈尼族的家庭中具有非常重要的作用，它是一个家庭的"核心"，老人们常在火塘旁给下一代讲述祖先的故事和传授生产生活知识。同时，要保持火种不熄灭，避免灶中的"火魂"离散，保佑全家安康、幸福。所以，每逢重大节庆日的时候，哈尼人民便载歌载舞，欢庆节日的到来，在"摩匹"或"白木"（也就是汉语中的巫师）的带领祈福下，美丽的哈尼"迷达"（姑娘）手举火把，迎向太阳，利用凸透镜聚焦原理，点燃火把，然后，把"火种"传递到太阳广场。地球绕太阳公转的过程中，会形成一个轨道面，叫黄道面，在这个面上的星座便叫做黄道十二宫。人们可以根据自己出生的月、日，寻找自己的星座，观看自己的性格特点。

哈尼取火台

当人们沿着北回归线依山顺势漫游，墨江北回归线标志园以舒缓有序的节奏，向您展现一级级人类认识和改造自然的进步阶梯。十二个建筑系列用虚实结合的手法，既直观地宣传了回归线天文知识，又适当表现哈尼族有关天文的朴素猜测和民间传说，形象地向人们讲述从悠悠远古到现代文明的不同时代，人类对天体科学的探索和认识。"立竿不见影"、日晷计时、以石环和石阵推测24

节气、栽种在北回归线两边截然不同的植物,还为人们创造了对自然奇观的特殊体验。园中道路蜿蜒向上,路边绿树成荫,蝉鸣林间,鸟语枝头,园内设置有茶室、幼儿娱乐场所、休息亭、饮食部、小商品市场、综合服务部等。游客在欣赏建筑、雕塑、园林艺术的同时,也学习天文知识和哈尼文化的盛宴,许多关于人与自然的感悟往往油然而生。是啊,人类是大自然的骄子,他依偎在母亲的怀抱却又不满足于自然的安排;他作为万物之灵既热爱自然母亲又反观于她,利用自然母亲的"性格"(自然规律)来避免灾害,获得更多的生存资源。这些感悟涌动于心,我们既找到了融入大地的归宿感,又升华出一种顶天立地的人类自豪感,此种感觉恐怕是游览其他公园所不能体会到的,也许,墨江北回归线标志园的特殊吸引力就在于此。

在科学揭秘北回归线知识之前,哈尼人的祖先无法用科学的方法解开"立竿不见影"之谜,但他们敬畏大自然,敬畏太阳,所以,每年的夏至日正午,他们会打起竹竿、舞着棕榈叶、敲响大木鼓,以独特的方式来迎接这一奇观的到来。墨江的老人们把北回归线叫做"阴阳"线,因为在这里有许多奇特的现象,诸如居住在北回归线南面的河西村中,仅30多户人家就有10多对双胞胎,这是非常罕见的。墨江为什么盛产紫色的动植物?阴阳线附近为什么会有成千上万的紫燕云集?为什么在那绿色群山之中偏有一座裸露黄土的巅峰上可以露天开采黄金?当人们无法解释这些现象时,往往就会与北回归线联系起来。太阳在这里转身,不就是因为它特别眷顾这块土地吗,它赐给这里的人们许多特殊的礼物,给墨江平添了许多难解之谜。也许与此不无关系,墨江哈尼人崇拜太阳和"火塘",自古使用"十月太阳历",认为他们所享有的一切最终都是太阳给予的。

太阳转身的地方,这是一个充满诗情画意的名字,却蕴含着如此丰富的科学知识,难怪一些游客感叹:墨江北回归线标志园与众不同之处是她的知识性。墨江是一个普及天文气象知识的宝地。

## 二、"墨水成江":墨江县名的来历

"墨江这个名字很神秘……光墨江这个名字就让人起猜疑。老想,'墨江'名字的由来,会不会和'黄河'名字的由来一样,有着让人遐想的神秘之河呢?"这是一位远方朋友挂在网上的文字,许多与墨江未曾谋面的朋友都有类似的遐想。的确,墨江县名源于流经境内的一条河叫"阿墨江"。然而,当您亲临墨江,会遗憾地看到阿墨江与别的河流别无二致,它属红河水系李仙江的一条支流,既没有深蓝如墨的江水,更不可能像许多当地人告诉您的是"墨水成江"。

阿墨江大桥

原来，墨江自明代嘉靖后叫"恭顺"，后改称"他郎"，再后来才改为"墨江"。说起"他郎"、"墨江"的由来，还有两个有趣的故事，且与墨江历史上的名人庾恩旸有着不解之缘。作者主要根据《墨江文博》以及李明、蓝红明主编的《墨江哈尼族民间传说故事集》，向您讲述"他郎"、"墨江"的由来。

"他郎"出自傣语，是"姑爷"、"女婿"之意。传说在清朝雍正年间，现在的新平、元江、墨江一带都归一个姓那的大土司管辖。那大土司的女儿貌如天仙，但对周围的富家公子们都看不顺眼。她瞧得上的姑爷上哪里去找呢？那土司暗地里差人四处查访，把文武双全的小伙子都带到家中由公主挑选。公主挑来挑去，选中了碧朔（今墨江碧溪村）的一个小伙子。这个小伙子英俊剽悍，有百步穿杨之功。那土司为了考考他的本领，放出话说："我要把所管辖的十里地区（指今新平、元江、墨江一带）划出三里半，给我喜欢的人去掌管。"

一天，那土司招来所有的达官贵人，当众宣布：不论是谁，只要做到两点，他就是那三里半地盘的主人了。一是我女儿见到他后含笑点头，说明他是公主的意中人；二是能在百步之外射灭殿堂悬挂着的两只白蜡烛，但不能损坏中间那只象征着吉祥的红蜡烛。想娶公主为妻的公子哥儿们，一个个摩拳擦掌，纷纷跳出来试试自己的运气，但一个个又垂头丧气地都败下阵来。最后，一个老管事的儿子洋洋自得地走到场中，拉开弩弓，一箭射去，反将正中那只象征着吉祥的红蜡烛射灭了，那大土司大发雷霆，一时全场鸦雀无声。

这时，只见一个身穿百姓衣裳，布包头上插着两根锦鸡毛的傣家小伙子，英姿勃勃地步入大厅。达官贵人们感到很震惊，一个平头百姓，怎感闯大雅之堂？想轰他出去，哪知他向那土司父女行礼时，公主竟然露出了甜甜的笑靥，土司还向他点头回礼。小伙子礼毕，气宇轩昂地走到百步之外，倏地转过身，将弩拉满如月，对准厅内蜡烛，"嗖"的一箭射出，只见左边的白色烛火熄灭了，蜡烛却纹丝不动。周围的人惊得目瞪口呆。眨眼间，又一支利箭飞过大厅，右边那只白蜡烛的烛火也熄灭了，只有中间燃烧的红蜡烛在独放异彩。顿时，大厅里满堂喝彩，掌声四起。那土司离座走到布衣小伙身旁，高兴地说："帕郎啊，我女儿真有慧眼！从今以后，你就是三里半土地和百姓的主人了！"

按照傣族的婚俗，姑爷要到姑娘家上门三年，方能把姑娘娶回家，但那土司为了让帕郎早日上任，婚后第一年就让他赴碧朔就任。回到家乡，帕郎在他管辖的三里半地区四处视察。当他来到恭顺时，见这里四面青山叠翠，环抱着一个平展的坝子，比他的家乡碧朔小坝大好多倍呢，坝内还有溪河缭绕，真是一个美丽富饶的地方。于是，帕郎率领父老乡亲来到恭顺建寨安家。人们为感激帕郎，就把新的家园叫做"帕郎"（姑爷、女婿之意）。后来，因"帕郎"与"他郎"谐音，文人在史书中记载时，写成了"他郎"，这一地名也就将错就错地被沿袭下来，直到民国四年（1915年），"他郎"县名才被庚恩旸改为"墨江"。

庚恩旸（1884—1918），别名墨江枫渔，出生于墨江县联珠镇碧溪村，是碧溪"庚氏三雄"之二。所谓"庚氏三雄"，乃民国时期碧溪庚氏家族功名显赫的三兄弟。老大庚恩荣是滇商界巨擘；老二庚恩旸是民国滇军将领，陆军中将；老三庚恩锡活动于商、政、艺三界，曾经出任昆明市长，创云南名牌卷烟"大重九"，是大观楼"彩云霞"假山、白鱼口"垒楼"别墅和位于大观楼南园的庚家花园的设计者，他的孙子庚澄庆是台湾的著名歌手。

庚恩旸早年留学日本陆军士官学校，与李根源、唐继尧、罗佩金等人是同学。回国后在滇军中任职。1911年与蔡锷、李根源、唐继尧等人发动重九起义。起义成功后，举蔡锷为云南军都督，庚恩旸任云南军政府参谋部参谋长，一跃成为与蔡锷、

庚恩旸

李根源、唐继尧齐名的四巨头之一，时年仅28岁，可谓少年得志。后历任贵州军政府参谋总长、总统府谘议官、云南讲武堂校长、云南督军府高等顾问、云南军政厅厅长兼宪兵司令官、靖国第二军总司令官等职，1918年2月，在贵阳毕节遇刺身亡，年仅35岁。庾恩旸于戎马倥偬之中吟诗撰文，著书立说，称得上军中文人。著作有《中国对外三十六大军事家》、《中国十七大军家列传》、《云南北伐军援黔记事》、《中华护国三杰传》、《护国军神蔡公传略》、《再造共和唐会泽大事记》、《义声日报评论拥护共和始末记之价值》、《云南拥护共和始末记》、《云南普防巡阅管见录》，并有《庾枫渔诗集》传世。

据民间传说，庾恩旸把家乡改"他郎"为"墨江"，确有借阿墨江之名，取文化之地、墨水成江之意，但此次改名事出有因。

庾恩锡

民国初年，庾恩旸做普防局巡阅使时，曾出巡玉溪、思茅、西双版纳等地。当他途中回到家乡他郎时，庾夫人兴致勃勃地从昆明赶来，与夫相会。夫妻见面，有说不完的心里话。谈话之间，庾夫人突然提道："你与唐继尧是日本士官学校的同学，现在又是僚友，他出生在会泽，官吏们尊称他为'唐会泽'，听起来有泽福于民的意思，多动听。人家也叫你'庾他郎'，虽是尊敬之称，但我总觉得有点儿别扭"。庾恩旸漫不经心地说："'他郎'是傣语的'姑爷'、'女婿'之意，有何不好？"妻子回道："夫君是当代杰出的将领，怎么能被叫成'庾姑爷'、'庾女婿'呢！再说，你是我母亲的好女婿，但我们都是汉族呀，这种叫法，你岂不成了傣族的姑爷了吗？""哈哈哈……"夫妻俩不约而同地失声大笑。笑毕，庾恩旸想了一会说道："你说的有道理，这他郎的地名是得考虑考虑……城边不是还有条'他郎'小河吗?""是啊!这小小的他郎河,那装得下你这条漂洋过海的大庚(鱼)啊?你这条大庚(鱼)应该遨游于大江大海之中才对啊!"

听了爱妻的一席话,庾恩旸陷入沉思,浮想联翩。良久,他突然起身点灯,提起羊毫,写出两个刚劲有力的大字"墨江"。妻子不解地问"为什么要叫墨江呀?"庾恩旸解释说:"除了你说的意思外,我还想,家乡的百姓贫穷落后,缺少科学文化。要摆脱贫困,就要刻苦学习科学文化,要把阿墨江的水当成墨汁,世世代代努力读书,依靠科教文化振兴家乡,造福百姓。"

庾恩锡之孙庾澄庆

庾恩旸的提议不仅得到本县士绅的同意,还得到了省里的批准。1915年他郎县便改称为墨江县,"墨水成江"的说法便传播开来。"墨水成江"给一个古朴的民族山区县增添了文化气息,寄托了前辈对后人发奋学习的期望,它时时提醒墨江的后辈,只有以开放的胸襟,学习科学文化,海纳国内外先进思想、先进技术和先进文化,才能使深藏与哀牢山中的墨江县在现代化进程中融入中国,走向世界。

## 三、多产双胞胎之谜

　　亲爱的读者,我们在昆明不妨做个小小的试验,您在与朋友闲谈时突然建议"我们去墨江吧!"于是,绝大部分人会反问:"墨江?你说的是那个生双胞的地方吗?"的确,墨江最大的名气是多产双胞胎,墨江最大的神秘是哪来那么多双胞胎。据不完全统计,墨江全县36万人口生活着1200多对双胞胎,就北回归线

双胞文化园

穿过的县城附近就有600多对双胞胎，在县城西边的河西村，全村30多户人家竟然有10多对双胞胎。按照科学的统计，双胞胎在人群中的自然发生率约为千分之一，可在墨江县，双胞胎的人口比例超过千分之六，密度之大也为罕见。是什么促成了这一现象？这个现象的背后又有什么样的故事呢？

我们知道，人类不同于许多动物的一点就是单胎生育。因为一般女性在一次月经周期中，只排卵一次，每次排一个卵。人类罕见的双胞胎之所以会发生，是因为有的女性在一次月经周期中，排卵两个（甚至多个），而且两个卵子都受精成功并发育成为胚胎，于是这位幸运的女性就会产下一对双胞胎。在有的怀孕妇女体内，一个受精卵会不明原因地分裂成为两个（甚至多个）。如果这些受精卵各自发育成胚胎，那么这位妈妈也会生出双胞胎。前一种情况在医学上叫做"异卵双生"，后一种情况即为"同卵双生"。同卵双生的双胞胎，因为拥有完全相同的基因组，因而不仅性别、血型相同，而且面貌、体征、声音、性格，以至行为方式也非常相似，叫人难以分辨。而异卵双生的双胞胎，由于各自拥有不同的基因组和胎盘、衣胞，他们的关系就像普通的兄弟姊妹一样，既相像，又相异。龙凤胎都属于异卵双生的双胞胎。

1954年，医学界在一对同卵双胞胎之间完成了人类首次器官移植——23岁的Ronald Herricks将自己的一个肾捐献给重病的哥哥Richard，试验取得空前成功。在Herricks之前，尽管在世界范围内也有过许多次类似尝试，但都没有成功。正是因为Herricks的基因与其弟弟的完全相同，几乎不会发生免疫排斥反应，医生才想到或许

国际双胞节时的双胞井

值得一试。果然，接受肾脏的哥哥在手术后生存了8年，还与照顾他的护士结了婚，实施手术的主治医生也因此获得了诺贝尔医学奖。正是这一例同卵双胞胎之间的肾移植手术，在医学上开辟了器官移植的新天地，全世界每年有数以万计的病人因此得救。所以，生双胞胎的家庭有多么幸运，当需要一个孩子给另一个孩子输血或进行器官移植时，就不用百般焦急地等待适合的血液或可供移植的器官了。当然，双胞胎最大的吸引力，还是上天的恩赐，可以让一对夫妇一下子就拥有两个惟妙惟肖的可爱宝宝。正是这一诱惑，牵动着无数年轻夫妻的心，他们渴望了解墨江的最大秘密，渴望墨江之行能使他们美梦成真！

然而，墨江最大的秘密，也是墨江最大的科学难题。一个小小的墨江县，哪来那么多双胞胎呢？从生物学角度讲，孪生现象有家族遗传史，也有环境方面的因素。但具体到墨江，家族遗传的因素占到多大比例？环境因素又是些什么？至今在科学上仍然无解。可怎样来回答人们的追问呢？不知从什么时候开始，墨江民间开始流传着两种说法，一种是北回归线很奇妙地穿过这里，睡了横跨在北回归线上的双胞床就会生双胞胎。另一种是墨江有双胞水井，喝了井里的水也会生双胞胎。

真是这样吗？我们不妨去参观一下设有双胞床的紫金宾馆。紫金宾馆是位于县城新建路的一个二星级宾馆，这里有四间这样的客房。一进房间就看见一条显眼的红线从双人床下横穿而过。服务员说那条红线就是北回归线，那张床就是双胞床。床头方向是北回归线以北，属温带。床尾方向是北回归线之南，属热带。宾馆的服务员还介绍说，这四间房平时是县城里最难定到的房间，普通间的价格在120元左右，双胞床房间的价格则500元到680元。特别是每年夏至6月21日或22日前后（太阳转身的时候），许多新婚夫妇都会来争相订住这四个房间，因为这里的双胞床确实发生过奇迹。2010年6月2日，昆明人郑永宁曾经在云南电视台的《神秘墨江，神奇的双胞胎现象》节目中告白于观众："医院检查我爱人输卵管有点堵塞，到好几个医院，中医、西医都看过。我爱人跟我一起去（双胞床）住了一段时间，回来以后，隔了一段时间，就有了龙凤双胞胎。"

蜚声海内外的墨江双胞井又是怎么一回事呢？那是位于墨江县城西边河西村的两口大水井，它们外形一模一样，形同一对双胞并列在村口，口径足有两米，井口用红石砖整整齐齐地砌了两台，周边的地上砌有青石砖，整个双胞井显得古朴、干净、大气。由于清澈的井水一年四季总是充盈到井口，井内还有一圈白石砌成的浅台阶，所以当您探头往井内望去，只见白色台阶上水清如玉，波光粼粼，台阶内则深蓝幽幽，深不见底，那是井壁和井底墨绿色的青苔映衬着透明水的结果。

据说双胞井已有1800多年的历史。民间流传着一个美丽的传说：原来河西村口只有一眼井，它与村外山脚下的标杆井是一对情侣。每到月朗星稀时，双胞井就会化作流星，飞去与标杆井相会，但每次鸡叫前都会飞回来。有时他贪恋标杆井不肯回来，双胞井水位就会下降，而且变得浑浊。村民们遇上这种情况都非常着急，总会到古井边祈祷双胞井尽快回来，解决村寨里的饮水困难。后来，为了避免井水变浑，村民们干脆把标杆井搬了过来，时时刻刻陪伴在河西村水井的身旁。说也奇怪，自从标杆井"搬家"后，两口"双胞井"的水再也没有变浑过，总是清凌凌、笑盈盈的，仿佛在用更加充盈的甘泉报答人们成全它们爱情的善心。

了解双胞井历史和传说的人，一旦亲临现场，都会忍俊不禁，学着当地人的模样，自然而然地走到井边，拿起放在井台上的葫芦水瓢舀水喝，然后把喝剩的水泼在井外的青石板上。于是，青石板总是被冲洗得干干净净，甘洌可口的井水也总能给人为之一爽、心满意足的感觉。双胞井水的又一特点是冬暖夏凉。冬天人们挑着井水，桶里热气袅袅，成为一种乐趣；夏天井中苔藓如丝如缕，翡翠般碧绿，使路人顿感饥渴，不饮则已，饮则流连忘返。如果碰到慕名而来游客，您会看到，他们喝水时表情都很虔诚，甚至是庄严肃穆，或许是因为求子心切的缘故吧，喝饱后还要灌上几瓶带走，因为有关双胞井的神奇传说同样不胜枚举。

河西村是一个哈尼族碧约人居住的村子，这里保留了淳朴的民风和完好的哈尼族文化，更因喝双胞井水、生双胞多而闻名遐迩，双胞井也因此而名声远播。据村民们说，不仅河西村的双胞多，即便是远方来的客人，只要喝了双胞井里的水，回去以后也会怀上双胞胎。墨江有一位从石屏县来打工的妇女名叫吉雪，几年前生了一对宝贝女儿。吉雪现在就在墨江生活，她也在云南电视台播放的《神秘墨江，神奇的双胞胎现象》节目中告诉观众："我听说喝了双胞井的水能生双胞胎，我去喝了水之后，没想到第二年就真的生了一对双胞胎。"

对于墨江县医院的大夫们来说，目睹双胞胎降生已是司空见惯，不足为奇。墨江县人民医院妇产科主任龚玲说："每年都有十多对吧，记不清，很多。"一对双胞胎姐妹的母亲回忆说，她生孩子的时候，那个医院就有四对双胞胎。

这个小小的县城墨江，似乎有一种神奇的力量，不仅能够帮助人们孕育生命，还能催生出心意相通的双胞胎。这些消息一经传播，那些不能生育，或是想生双胞胎的准爸爸准妈妈们心动不已，纷纷来到墨江。当他们到了这里，才亲眼看到，墨江就是一座名副其实的"双胞城"。

对于这个美誉，墨江县绝非浪得虚名，不单单是人生双胞胎，就连动植物的双生现象也非常普遍。马路边，公园里，随处可见的双生树木，成了一道特别的风景。还有双胞芭蕉、双生细蜜蜂、分丫棕树、双黄蛋、并蒂莲似乎也比别的地方多。作者就在当地亲口品尝过一盘全部用双黄鸭蛋腌制的咸鸭蛋，那酥松、喷香，流着深色黄油的双黄蛋给我留下难忘的印象。作者还有幸随同当地的姐妹上山采摘"山苦瓜"。"山苦瓜"是一种苦凉可口的野菜，那碧绿的心形果实总是成双成对地结在一起，煞是好看。我一边摘，一边惊喜地叫道："这不活脱脱的是双胞果吗？"当作者把亲手采摘的山苦瓜送给昆明的朋友，并告诉他们是"双胞果"时，他们爱不释手，准备放在床头"供奉"，以保佑他们怀上双胞胎。

汉族古有多子多福的传统观念，一胎生两个，是多少人梦寐以求的好事，但出人意料的是，在哈尼族传统文化中，哪家生了双胞胎唯恐别人知道。这又是怎么一回事呢？

据村里的人讲，古代的哈尼族，每移居到一个地方建寨的时候，就选一棵树作为竜树，也就是寨神树。如果说这对夫妻做了错事、不好的事，就会触怒竜神。双胞胎就被视为触怒竜神的惩罚——鬼胎！当时的人们无法解释双胞胎的秘密，才会联

双胞芭蕉

想到这个恐怖的字眼，他们认为，从娘胎里就一模一样的双生儿，势必有一个是魔鬼制造的幽灵。要想保住健康的孩子，保住全家的幸福，必须除掉这个鬼胎。其中一个被处理掉、活埋了或者把他挂在树枝上，让他自然死亡。那些诞生在千百年前的双生儿，不知有多少因此死于非命。

时至今日，虽然迷信已经破除，但是这些生活在边陲地区小村落的人们依然无法理解双胞胎的成因，因此，只能借助传说和猜想来满足客人们的好奇心。

根据墨江县疾控中心对双胞井水的检测，结果表明它和其他地方的水没有太大区别，只是浑浊度和色度特别低，远远低于国家的标准，所以看起来非常清澈。PH值是7.8，稍稍有点偏碱性。正常饮用很安全，但还无法证明喝井水能生双胞胎。一些医学家们认为，双胞城的真正奥秘，恐怕不是水，而是当地居民的遗传基因。

从科学的角度讲，双胞胎的形成确有一定的遗传因素，如果父亲或母亲家族里面有双胞胎史，就比较容易怀双胞胎。一部分双胞胎的家长告诉作者，墨江的双胞胎多与遗传有关。生下一对可爱的双胞男孩的母亲张女士告诉采访她的作

者，孩子的父亲就是双胞。居住在城区的75岁老人丘博仙说，她有兄妹8个，母亲生了一对双胞胎及两个三胞胎，她是第一个三胞胎中的老二，而她结婚后，也生了一对双胞胎。丘博仙说，她家就住在北回归线附近，她认为民间的说法有一定道理。那些关于墨江双胞鬼胎的历史传说，也可以侧面证明一点：当地的居民，特别是哈尼族本身，确有生双胞胎的遗传基因。因为秘而不宣，外界无法得知确切的数量，繁衍到了今天，集中爆发也是可能的。至于像郑永宁、吉雪夫妇那样的外地人，来这里居住一段时间后，恰巧喝了双胞井水，回去就生了双胞胎，那就无法这样解释了，可能是一种机缘巧合吧。

河西村的双胞井

至此，双胞城、双胞井的奥秘似乎还没有合理的解释，毕竟，遗传基因不能解释一切，特别是植物双生的现象。联想到《西游记》中的传说，经过考证，子母河确有其处，就在今天新疆维吾尔自治区的若羌县，流经古楼兰的都城，是由阿尔金山的冰雪融化而成，并在阿尔金山的矿层中反复渗透，含有丰富的微量元素，可以增强动物的生殖能力。据此推断，西部的子母河，南部的双胞井，或许还是有特别之处的。总之，墨江的自然环境中的水、土、食物等是否含有某种具有雌激素作用的物质，进入人体后产生了促进女性排卵或促使受精卵分裂的生物作用？这是一个涉及面更广的问题，有待于后人运用科学手段进行探索，最终揭开"双胞之家"的奥秘。

由此说来，墨江的双生现象目前还只能是一个谜，不过双生密度大这个事实足以让它被人无限放大，足以引起人们的关注和幻想。于是，聪明的墨江人因势利导吹响了打造国际品牌节日的冲锋号。从2005年起，一个国际性的品牌节日——墨江国际双胞胎节应运而生。每当5月1日至2日,世界各地的双胞胎就会云集墨江,演绎一场双胞文化的迷人传奇。

5月1日下午,是游客们翘首以待的双胞大巡游,他们站满街道两边,驻足观看。成百上千对不同肤色的双胞胎,手牵着手穿城而过,微笑着向观众挥手致意。小到坐在婴儿车里的双胞宝宝,大至耄耋龙凤,双胞大军里时隐时现的三胞胎更是引起游人一阵欢呼。哈尼长街宴上,也许坐您对面的就是一对双胞胎,看

第六届国际双胞胎节宣传画

着他们不仅形似,而且微笑、神态和动作也很神似,恍若置身于魔幻世界。听着他们告诉您如何辨别他们的标志,真是妙趣横生,乐不可言。节日夜晚,在璀璨繁星下,体育场内进行双胞才艺大赛。看着来自世界各地的双胞们斗志昂扬地登台表演,不禁让你心生狐疑,是否上天给予这些"天使组合"特别的厚爱,赋予他们更高的文艺天赋,否则,怎么会有那么多与专业演员不相上下的双胞笑星、舞台姐妹、体操双星呢? 节日期间,还安排了双胞招聘会,凡是愿意在墨江就业的双胞胎都能得到不同程度的奖励或优惠。

墨江国际双胞胎节是世界双生子们的天堂,是双胞的人类学博览会,也是普通人的快乐时光和梦幻乐园,每一个人都可以心怀探秘心理来此一饱眼福,有可以埋下一个创造奇迹的愿望回到各自平凡的生活空间。

## 四、盛产紫品为哪般

墨江特级紫米

紫米登峰、紫金万两、紫燕翻飞、紫鸡飘香、紫胶遍地,还有菜街子上随处可见的紫色刺五加、紫玉米、紫山药、紫红薯、紫豇豆、紫花生……无疑,紫色是墨江的另一个符号。大凡外地人到了墨江,都会瞪大了眼睛搜寻紫色食品,自己吃了滋补养身,馈送亲友物价两美,何不为之。但在急匆匆的生活中,又有几个人追问,墨江为什么有这么多紫色产品?而且,墨江紫米还是"米中极品",紫米封缸酒曾在巴黎国际博览会上荣膺金奖,紫色刺五加极为罕见,万只紫燕偏偏认定墨江家园,数百年不离不弃。更为有趣的是,墨江文化也偏爱乌紫,许多民族喜爱鲜亮的颜色,墨江哈尼却以黑为美;外地姑娘的梦中情人大凡是"白马王子",墨江姑娘梦寐以求的却是"紫马黑汉";别处江河以青碧为佳,这里却以墨水成江为自豪。看来,除了双胞之谜、回归之谜之外,紫色也是墨江一谜。当你贯通自然与文化中的黑与紫,一副万物因享有特别充足的阳光而乌黑流金,因雨水充沛、树木葱茏而紫气东来的吉祥气象幻化在了墨江的崇山峻岭之间。

墨江紫米早已声名远播,几乎无人不知、无人不晓。此米属粳型糯米,米粒儿特别细长，手捧一把掂一掂，沉沉的、凉凉的，吃起来比其他紫米都更"糯"、更香，奇怪的是，墨江紫米蒸熟后能"断米复续"，所以民间将之称为接骨米，可用于治疗骨折。《本草纲目》载：紫米有滋阴补肾，健脾暖肝，明目活血等作用。用现代科学方法分析，墨江紫米含有特别丰富的蛋白质、脂肪、核黄素、叶酸、铁等营养物质，直链淀粉含量低于2.5%，实为紫糯米中的极品，被誉为"紫珍珠"，是历代王朝的宫廷"贡品"。在《红楼梦》中，墨江紫米被称为"御田胭脂米"。曹雪芹的神笔在炊事之用的紫米上描出了淡淡的美人味儿。

墨江人很看重一日三餐，在悠闲的生活节奏中，他们琢磨出很多紫米的烹饪方法。香润可口的紫米粑粑、紫米干、紫米甜白酒、大枣紫米粥、紫米炖鸡、紫米八宝饭、紫米汽锅鸡、紫米葫芦鸭等都深受当地人喜爱。用墨江紫米酿造的"紫米封缸酒"，荣获巴黎国际博览会金奖后，名声远播海外，十分畅销。近年来，普洱人几乎都在喝天溪紫谷酒或紫谷液，并且在劝酒时，总是异口同声地说："我们墨江的紫谷酒，不会冲

紫米封缸酒

昏您的头，只会温暖您的心；是女人的美容液，是男人的加油站。"外地人招架不住这般劝，总是喝得全身发热、面若桃花。由地道酒厂研制推出的紫米花雕黄酒系列已经被摆上了高档酒的柜台，成为当地人馈赠亲友的高级礼品。2009年2月墨江哈尼族自治县获得了墨江紫米原产地证明商标。

在墨江农村，老百姓喜欢在房前屋后栽种刺五加，一是用这种带刺的灌木丛围住菜园子，防鸡鸭糟蹋；二是进门就可以随手采上一把回厨房做菜。凉拌刺五加是墨江最为常见的特色菜之一，据说曾经得到"孔雀公主"刀美兰的广为推荐。查阅药典后方知，刀美兰的推荐确有科学依据。

紫色刺五加

刺五加别名五加皮，属五加科五加属，生于山坡林中及路旁灌丛中，根皮含挥发油、鞣质、棕榈酸、亚麻仁油酸、维生素A和维生素$B_1$等。在《神农本草经》中，五加被列为上品。上品乃指无毒，久服可以轻身、延年益寿而无害的中草药。《本草纲目》中称：刺五加，以五叶交加者良，故名五加，又名五花。五加治风湿，壮筋骨，其功良深。看来，刺五加自古即被视为具有添精补髓及抗衰老作用的良药，难怪也被叫做"五加参"，在俄罗斯还被称为西伯利亚人参呢，民间有"宁得一把五加，不用金玉满车"的说法，"文章作酒，能成其味，以金买草，不言其贵"说得也是刺五加。采用现代科学实验方法分析研究，刺五加的主要有效成分是黄酮类化合物。黄酮可以改善血液循环，降低胆固醇，也可改善心脑血管疾病，因此用刺五加研制开发的药品一般用于治疗脑动脉硬化、脑血栓、脑梗塞等，亦用于冠心病、心绞痛、更年期综合征等。

刺五加原产于黑龙江省山区，现在华东、华北、华南广为栽种。其他地方的刺五加均呈绿色，味道比较苦涩。但墨江的刺五加是紫色的，不太苦，口感清脆，刺五加特有的芳香味非常浓烈，以至于有的外地人不能接受这道地方菜。但热情好客的墨江人或许正是被这种特殊的香味所吸引，不仅自己乐此不疲，还总是一个劲儿地向客人推荐"好吃！好吃！"当看到不会吃的客人面有难色地敷衍时，墨江主人会感到大惑不解。

墨江的紫玉米是作者的最爱，说的是那种棒子不大、白紫相间的"花糯玉米"，白的晶莹剔透，紫的像墨玉紫珠（紫珍珠）。有趣的是，这种糯玉米的颜色是随生长期变化的，嫩小时粒粒净白，形如珠玑，以后逐渐长出一些淡紫色、紫色的米粒儿夹杂在白粒之间，变成了"花玉米"。待完全成熟时，玉米就全身净紫了。所以同一种糯玉米，如果你想掰下嫩粒炒了吃，就挑白净的买；想水煮玉米吃（当地人称"用水潊了吃"），就选紫色的或紫白相参的买。把这种稍微老一些的紫玉米，用小火慢煮后，米粒中的黏汁儿会浸出来，像一层薄薄的藕粉粘在米粒面上，亮晶晶的，从视觉上相当能刺激人的食欲。

当地人管玉米叫"玉麦"或"苞麦"，本人却昵称之为"墨江小苞谷"，只要有机会，就将其当做主食，还恨不得一年四季把它当成主粮呢。您可能会说，碰上一位没有吃过粗粮的主吧。恰好相反，笔者在粗细粮食搭配供应的年代，正值嘴馋毛长的孩童时期，几乎每天都会不幸地遭遇苞谷饭和洋芋饭，以至于成年后不再想回味。但奇怪的是，那年我挂职到墨江，正是"小苞谷"上市的季节，也许是被它的"紫花外衣"和玲珑小巧的体型所吸引，吃了一口就爱上它了，以至于两年中常常以啃吃"小苞谷"为幸福。我上网查过，原来紫色糯玉米是因营养丰富而口感特好，它因含有氨基酸、蛋白质和糖分而味道香甜；因含有蜡质而嚼之黏糯；还因含硒是普通玉米的5到10倍以及富含维生素 B1、B2、B6、多种微量元素而成为时尚保健食品。仿佛是发现了"新大陆"，我每次回昆明必带上一箱可爱可口的"小苞谷"，把它们分给最喜欢的朋友，且总要收集反馈信息"好吃吗？"，当听到好友说"太好吃啦！"，心中那份得意和快乐相当受用，就是墨江人所说的"好在"那种感觉。

遗憾的是，我始终没有查到为什么墨江盛产紫色食品的原因，只是查到大量有关紫色食品中含有天然抗氧化剂"花色素"的资料。据称：花色素是一种天然色素，在化学上属于黄酮类物质。目前已被科学家鉴定的天然花色素约有300余种之多。紫色食品所含的花色素主要有以下6种：天竺葵色素、矢车菊色素、飞燕草色素、芍药色素、牵牛花色素和锦葵色素。其中以"矢车菊色素"的抗氧化作用最强，其他色素次之。大量科学研究证实，花色素是迄今为止人们所发现的最出色的抗氧化剂。如据美国学者报道，花色素的抗氧化作用分别为维生素C、维生素E的30倍和50倍之多，堪称为最佳的自由基清除剂。

我在墨江下乡时，常见到公路两旁裸露着紫红色的岩土，便自然而然地联想到墨江的紫色食品，二者之间有没有关联呢？查问的结果，一些专家认为肯定有关系，墨江的紫红色岩土可能含有镍、铜等矿物质，但岩土与紫色食品究竟有怎样的关系，在进行专项研究之前谁也说不清楚。当一个自然之谜得不到解答时，人们倾向于求助神话或传说。在墨江，倒是有一个关于紫米来历的民间故事，不过它过于凄惨，会不会让您面对紫米时感到黯然呢。

相传在墨江金场河两岸，土地曾经被执莫头人霸占，佃农收谷必须得到头人的同意。有一年，遇上特大灾害，谷子长到八九成时，有对夫妇为度过灾荒，先去抢收。夫妇刚把好谷装篮，消息就传到了执莫头人那里。头人带着家丁来到打谷场上，要把谷子全部抢走。夫妇俩苦苦央求留给他们一部分度过饥荒，头人哪里听得进去。他们扑跪在米篮子里不肯松手，就被狠心的头人命家丁活活打死。鲜血流进谷子里，谷粒霎时变得鲜红鲜红，过了些时候，又变成紫黑的了。

浸透那对苦命夫妻鲜血的紫谷子被倾倒在野地里。有家农户闻知后，便三更半夜悄悄地爬起来，把找到的紫谷子全部掳回家准备渡饥荒。说来奇怪，他们舂米后怎么都淘洗不干净，只好煮成饭，放到嘴里一吃，又香又糯又软。于是，这家农户就把剩下的紫色谷子小心地贮藏起来，来年播种下土，秋天获得了好收成。这家人舂出新米，做成香气扑鼻的紫色米饭，请左邻右舍来一起品尝，结果无人不称奇。从那以后，墨江人就兴种紫米了。虽然产量很低，但因品质极佳，墨江人从未间断过栽种他们爱吃的紫米。

## 五、墨江黄金的盛名

有作者把墨江称做"第二眼美女",就是说它没有落雁之容、沉鱼之貌,不会令人过目不忘,但她又与众不同,会吸引你再看上她一眼,而就是这第二眼,您觉得她还算是一位美女,其美深藏于内,应被归属为气质型美女吧。朋友,阅读了前面介绍的墨江之谜后,不知您对此是否有些许认同。如果我再向您介绍她的另一惊人之处,想必"第二眼美女"可以成立。墨江县是国家扶贫开发工作重点县,俗称国家级"特困县",可就在这位贫寒女子的腹中,却有着一座久负盛名的金矿。更鲜为人知的是,墨江黄金的品质蜚声全球,实属国际珍品。内涵高贵,有着金子般的心灵,不正是"第二眼美女"的特质么?

我到墨江后不久,就去过联珠镇的癸能村。那天清晨,我们沿着县城东北方向驱车前行,一路缓坡,便知是在向高海拔处行进,山势越来越雄奇,空气越来越清凉,道路两旁的植被也越来越浓密,云雾在山峦和树林之间漂游。行车约20公里时,司机小王手指远方一个裸露着黄土的高山平顶,告诉我那里就是墨江金矿了。远眺之,墨江金矿宛若端坐在高山之巅的一位金发女郎,四周是葱茏的群峰蔓延开去,绿色簇拥着一个鹤立鸡群的黄色峰头,从峰顶倾泻而下的黄土就像少女的金发,遮掩了金矿神秘的面庞,加至群峰之间乱云飞度、烟雾缭绕,愈发渲染出神秘色彩,使我对藏于深山的墨江金矿一直念念不忘。2011年6月底,我终于如愿以偿。在参观金矿时,还有幸得到一位主管生产的副总讲解。

墨江金矿坐落在癸能村的"猫鼻梁子"之巅,位于墨江县与元江县的接壤处，海拔1800到2100米，厂部设在一个相距不远的山坳里。当车子接近厂部时，看到公路旁的沙石堆变成了金黄色，我猜想，到底是金矿啊！连铺路都是用金矿石。一进入厂部，那种静谧、安详的小矿景象便扑面而来。小巧、朴实无华的浅黄色房子掩映在一尘不染的花草树丛间，经过厂部办公室（就是一个院落）之后，我们进入到生活区。排列整齐的黄色平房，一看便知道是上个世纪七八十年代的建筑，平房之间的院坝里荒草萋萋，只有一些鸡鸭在悠闲地觅食。原来，金矿的数百名职工如今已经居住在县城，每天乘厂车来上班，只有为数不多的老职工仍然住在矿里，过着"世外桃源"的传统生活，一个小卖部、几个卖菜的农民就足以供应他们的日常所需。我们穿过生活区直接进入矿区，在夏总带领下，顺着生产流程进行参观。

据墨江县志记载，墨江猫鼻梁子采金始于清代道光初年，在咸丰至同治年间曾盛极一时，远近商贾蜂拥而至，矿工达2000余人，年产黄金万余两，曾是清代7大金矿之一。至光绪末年，因硐老山空，厂势渐渐衰落，年产黄金仅百余两。民国23年（1934），庾恩锡集资组设"墨江坤勇金矿有限公司"，规模较大，厂情渐旺，年产黄金千余两。抗日战争爆发后，金矿开采规模逐渐缩小或停采。至1948年，只有零星人在此淘金。

新中国成立后，墨江金矿几起几落。1976年，创建了国有企业墨江金矿，1979年开始生产金精矿石出售。1982年黄金产量首次突破万两大关（当年产金精矿石含金量617千克，折合19781两黄金）。至1988年止，年年产量超过万两，从此，墨江就以"黄金万量"而闻名遐迩。1989年，墨江开始自己冶炼黄金，结束了采矿卖石的历史。2002年，墨江金矿在国有企业改革的大潮中，改制成为股份制合作企业——墨江县矿业有限责任公司，后墨江县矿业有限责任公司股权转让给中国贵金属公司。目前其每年加工量约60万吨金矿石，年产成品金接近1吨。

猫鼻梁子中到底还有多少金矿？这是许多墨江人关心的问题。从史料推测，采金初期，墨江黄金储量及品位居云南之首。云南省冶金地质勘探311队曾经探明，墨江猫鼻梁子的黄金工业储量是27吨，银储量100吨。如今，经过350余年的开采，已经探明的储量所剩不多，约10吨左右。深部是否还有可开采的金矿，尚待继续勘探。云南省地质调查院已经制订了扩大储量的调查规划。

我们伫立采金现场，四周是苍翠的群峰，带着森林气味的大风吹得我们有些站立不稳，须大声说话才能听清。由于长期露天采矿和多年的"堆浸"提金，所谓"猫鼻梁子"的峰顶已经被夷为平地，大约在7.2平方公里的采矿区内，有10个颇为壮观的"堆浸场"，还有5个深达1720米的老矿井。目睹现场采矿，方知那些金黄色的石头并非金矿，反倒是那些看上去不起眼的褐色沙石才是令人神往的金矿石。

厂区集采、选、提、炼为一体，工艺并不复杂，采用"氰化浸出"提金，即用氰化钠溶液把矿石中的金子融浸出来，然后再从中炼取黄金。如果开采的矿石品位在每吨2克金以上，要先把矿石破碎，磨成矿泥之后，再用氰化钠溶液从矿泥中提金。如果开采的矿石品位在每吨2克金以下，则于上世纪90年代开始采用"堆浸法"提金，即在露天把细碎的矿石堆放成巨大的梯形体——"堆浸场"，然后在堆上持续地喷洒氰化钠溶液长达一年之久。"药水"缓慢流经分层次的矿堆时，通过化学反应把金融浸到溶液中。含金的溶液叫"贵液"，提走金的剩液叫"贫液"。"贵液"顺着梯形体四周挖好的水沟流淌出来。两条生产线获得的"贵液"还要通过活性炭吸附、冶炼、电解等环节，才能最终获得2/3的成品金和1/3的硝酸银。氰化钠是有毒物质，所以在生产过程中全部被循环使用，"堆浸场"严密地防渗漏工艺保证了氰化钠的零排放。"我要的金全部都在贵液里，一有排放，环境破坏了，我们损失也很大。所以，公司的效益和环保的要求是完全一致的，我们不折不扣地执行零排放。"夏总不止一次谈到这点。

参观完生产过程，我们乘车返回厂部，路上夏总说："你们运气好，今天正好是'出金日'，可以看到刚出炉的黄金。"小青年们不禁在车上就雀跃起来。

作者手举刚出炉的金锭

可当我们带着急切的心情步入厂部——那个洁净的院落时,当头就是一个失望,押钞车已经载金而去。看到我们失望的神色,夏总立即打电话叫车子返回,几个青年人又一次雀跃起来。40分钟后,押金车开进院子,三个耀眼的长梯形的金锭被轻轻地放在了绸布上,我们忍不住上前去抚摸、翻看,好沉呐!底面刻着的数字显示每块金锭接近5公斤,而且是三个九以上的纯度。按照每克300元的市价折算,一个金锭就是150万元!从未见过这么多金子的我们,争先恐后地用双手举着金锭拍下珍贵的瞬间,还一个劲儿地劝说小王,把"身价300万"的相片当做相亲照吧。

朋友,如果您以为金矿每天出金三锭,创利450万元,那就太乐观了。实际上,金矿开采时间越长,开采难度也就越大。墨江的金矿石曾经以高品位闻名于世,但夏总说,目前开采出来的矿石品位只有每吨1克左右,意味着工人需要采、选、堆、炼1吨矿石才能获得1克成品金。金子果真来之不易啊,如果您胸前佩戴的是"墨金",那就意味着您的金饰有多少克,您就占有了多少吨大地的精华,还有那些"风餐露活"的工人劳动。不过,您完全不必有愧疚之感,反倒应以您不同凡响的鉴赏力而感到自豪。"墨金"的品质是翘楚全球的,其颜色、光泽度极佳,制作的饰品特别漂亮,颇受市场青睐。读到这儿,有的朋友会心生疑问,黄金就是黄金,难道还有差别吗?

在等待押金车返回期间,夏总告诉我,天下黄金之贵,尽人皆知,但很少有人知道黄金也有产地的差别,主要表现在颜色和光泽度上。同样是三九金(俗称千足金),有的颜色较深,有的带一点点其他颜色如红色。墨江生产的黄金,以颜色和光泽度极佳而驰名,24k的"墨金"看上去与千足金、万足金别无二致。

"墨金"的这一亮点让我感到很兴奋,回到县城后,我专门到"阿墨江金"专卖店去"核实",果然,售货员放到我手中的一枚金坠子闪发出卓越的光芒,使人顿生其超凡脱俗之感。我过去也买过金饰品,但颜色明显比"墨金"深暗一些。看来,名不虚传呀,从刚出炉的金锭到柜台里的卖品,"墨金"确实显示出一股"高贵"的气质,它的色泽是那种非常纯正的、不夹杂任何杂色的"正黄色",在阳光下金灿灿的,熠熠生辉,异常耀眼。仔细琢磨,这种颜色还真是恰到好处,深一点显暗,浅一点显白。

蒙在墨江金矿头上的神秘面纱被慢慢掀开了,有惊喜也有失望。惊喜的是,没想到墨江金有鹤立鸡群的品质。略为失望的是,它的辉煌青春似乎已经成为历史,目前还在以不是很先进的技术吃力地开掘着品位不是很高的矿藏。当然,随着技术更新、废矿新用以及新一轮的深部探矿,墨江金产业有可能穿越"穷途末路",再造辉煌。然而,一种十分矛盾的心情在看过金矿后油然而生。一方面,希望中国贵金属公司接手墨江金矿后,步入再创辉煌的康庄大道;另一方面,为一座翠绿山峰的逝去而感到惆怅。远眺如金发女郎的猫鼻梁子,近观却并不悦目,占地不小的10个"堆浸场"自然是寸草不生,被夷为平顶的采矿区千疮百孔,老峒遍野。身临其境,不知是该为人类"改造自然"的巨力而欣喜,还是应该为自然之美被破坏而感到悲伤。我们常说,科技是"双刃剑",其实,人类才是一个"两面兽",一个面孔写着欲壑难填的贪婪,不停歇地"逼迫"地球母亲交出它深藏的"宝物";另一个面孔却写着悲天悯地的善良,为每一次地球母亲的伤痛而哭泣、呐喊。财富和审美,应是人类的两种基本需求吧,但我们常常为财

金灿灿的"墨金"饰品

富而不得不牺牲审美，为发展而不得不对"母亲"开刀。这种矛盾与困惑也许还要继续纠缠人类。我们中国人今天的审美需求恐怕是前所未有的，既渴望满目青山绿水蓝天，又习惯于用各种宝石、金银来装扮自己。殊不知，满足这两种审美需求也有着深刻的矛盾。你佩戴的饰品越多，意味着地球被开挖、翻刨得越厉害，当然，与此同时，你也在为经济发展做出了较大贡献。

破解开发与保护矛盾的"钥匙"在哪里呢？有人说，在科技那里，的确，科技有能力做到边开发，边治理，边恢复，但科技能够协调"两面兽"的内心矛盾吗？恐怕不行，根源于人性内在的矛盾恐怕还得要人自己来调整。在人类未来的征途中，我们是否应该反躬自问一些问题：究竟什么是发展、什么是美、什么是富裕、什么是有意义的生活。从国家层面来讲，提升人的审美情趣，引导人的消费需求，培育新人类对地球"母亲"的道德情怀，在决策者的脑海里建立"自然"除了"工具"价值外，还有其生态价值和审美价值的新理念，等等，或许有助于缓和开发与保护之间的矛盾。

说起墨江金矿的发现，还有一个古朴的传说呢。这个传说隐喻着什么，全靠读者您自己思忖了。相传很早以前，一位上山打猎的哈尼男子，在猫鼻梁子一带的黑树林里，看见4头金牛。那4头金牛浑身发出闪闪金光。哈尼男子尾随金牛追赶了一段山路，到梁子大转弯山谷，金牛突然无影无踪。哈尼男子感到奇怪，回家后把看到金牛的事说开了。没想到，当地人说者无心，外来客却听者有意。于是，一帮寻找金矿的人马开进了猫鼻梁子，他们在此苦苦挖采一年多，山挖破了，石采尽了，仍然没有找到一两黄金。正待人们心灰意冷，疲惫不堪，背上背包离开露天采掘现场时，一个掉队的男子却在绝望中拾到一块金晃晃的石头，他仔细辨认，发现是一坨金子。这男子高兴极了，悄悄把金子带回去称一称，那砣金子重48两。从此，猫鼻梁子确有金矿的消息就传开了，这就是后来的坤勇金矿、墨江金矿。至今，猫鼻梁子上还留下"牛腿子山"、"４８两金"的地名。

## 六、哈尼先祖定居的沃土

从族源论,哈尼族是远古时代生活在青藏高原上羌人的后代,是其南迁群体中的一个分支。他们从北方高原不断南迁,一直迁到祖国最南部的边疆,甚至跨出了国境,成为一个国际性的民族。伴随漫长迁徙历史的是,哈尼先祖从北方游猎状态逐步定居下来,不断嬗变,成为滇南山区以梯田稻作为主的民族。

上千年前还是北方古羌族的哈尼人,究竟为了追寻什么,而离开他们文明的发祥地,离开水草丰美的"诺玛阿美",一路向南迁徙,最终定居在红河南岸的哀牢山区?这也许是墨江最大的人文之谜。有一种浪漫但过于简单的解释想必难以满足您的好奇心,它认为,哈尼族的先祖是为了追寻他们崇拜的太阳,如同"夸父追日"那样逐日南下,直到抵达太阳转身的地方,感到这里离太阳最近,温暖而富庶,正好符合心目中的圣地——"诺玛阿美",于是停止漂泊而定居下来。实际上,为解开墨江哈尼族的迁徙之谜和定居之谜,不少民族学家费尽心力,他们只能根据口耳相传的史诗、古歌以及语言、服饰等间接资料来描绘这段鲜为人知的历史,给今人一个自圆其说的解释。

《哈尼阿培聪坡坡》(意为哈尼族先祖的迁徙),是一部哈尼族迁徙史诗,长达5600行32万字,它详尽地记述了哈尼族先民在漫长的历史岁月中,经历艰难曲折,从遥远北方向南迁徙的事迹,它不仅记录了哈尼族的迁徙史,也记录了哈尼文化的形成发展史,如今只有极个别的大摩匹(哈尼族社会的高级知识分子)能用几乎无人能懂的哈尼古语演唱。《哈尼阿培聪坡坡》,是哈尼先祖们用血与泪书写的诗歌，是哈尼文化中一颗永不坠落的恒星。

《哈尼阿培聪坡坡》共7章，分别是：《远古的虎尼虎那高山》、《从什虽湖到嘎鲁嘎则》、《惹罗普楚》、《好地诺玛阿美》、《色厄作娘》、《谷哈密查》和《森林密密的红河两岸》，分别记述了哈尼先民七次大的迁徙活动。下文引用的都是朱小和大摩匹演唱的《哈尼阿培聪坡坡》（西双版纳傣族自治州民族事务委员会编：《哈尼族古歌》，朱小和演唱，史军超、杨树孔采录，卢朝贵翻译，史军超整理、注释，云南人民出版社1992年出版）。

"虎尼虎那"是哈尼族的一个诞生地。史诗记叙到：在远古的年代，遥远的北方有个高耸云天的大山叫虎尼虎那山，这座大山由红红的石头和黑黑的石头堆积而成，山的南北流淌着两条大河，"北边的大河叫厄西地耶"（意为金水流淌）。"南边的大河叫艾地戈耶"（意为银水流淌）。此山诞生七十七万年后，山上孕育出了人种，人种繁衍到第23代时，哈尼族出生在祖先"塔婆"的"肚脐眼里"。那时的哈尼"从不把父母挂在心上，阿哥认不得阿弟，阿妹不知阿姐的长相，阿舅是谁他们不管，阿婶是谁他们不想。撵跑豹子，他们就搬进岩洞，吓走大蟒他们就住进洞房，找着吃食，他们吃撑肠肚，找不着东西，他们饿倒在地上。"随后，哈尼向猴子学会摘果子，向穿山甲学会制作树叶衣，向鹦鹉学会说话，向喜鹊学会了在树杈上搭窝。这时的哈尼族没有家庭，没有阶级分化，集体劳动，平均分配，过着一种以采集狩猎为主的集体生活。

哈尼族为什么离开其诞生地而开始第一次迁徙？《哈尼阿培聪坡坡》的第二章就着重讲述了这一段历史。哈尼先祖主要是因为食物稀少，而被迫告别了虎尼虎那山，"顺着野兽的足迹"，沿着虎尼虎那南边的大河"艾地戈耶"，"走过无数河滩"，终于找到了新的家园——"什虽湖"边，在那里过着以狩猎为主的生活。随着剩余产品的出现，先祖们把猎获的猎物圈养起来，开始形成原始的畜牧业。"先祖敲死了老野猪，把它的小儿逮回住房。先祖奥遮的姑娘遮妞，又把新的主意想：'才发的草芽汁不甜，才下的小猪肉不香，不如把它豢养，再破它的肚肠'"。驯养动物需要相对固定的居住场所，相对固定的居住场所又为种植业的兴起创造了条件。"哈尼还有一位能人，遮努的名声飞遍八方。她摘来饱满的草籽，种进最肥最黑的土壤，姑娘又去背来湖水，像雨神把湖水泼在籽上。草籽发出了粗壮的芽，草籽长出了高高的秆。当树叶落地的时候，黄生生的草籽结满草秆，先祖们吃着喷香的草籽，取名叫玉麦、谷子和高粱。"这就是原始农业的开始。

在什虽湖边，哈尼不仅以动物驯养和谷物种植掀开了历史的新篇章，走上了通过农业劳动满足基本需要的道路，而且形成了用火来驱赶动物、帮助狩猎的习惯。然而，就是这样一种破坏性的生产活动（攃山）毁了他们新的家园，使他们不得不第二次踏上迁徙之程。"先祖去攃野物，烈火烧遍大山，燎着的山火难熄，浓烟罩黑四方，烧过七天七夜，天地变了模样。老林是什虽的阿妈，大湖睡在老林下方，这下大风吼着来了，黄沙遮没了太阳，大湖露出了湖底，哈尼惹下了祸殃。栽下的姜秆变黑，蒜苗像枯枝一样，谷秆比龙子雀的脚杆还细，出头的嫩芽又缩进土壤，天神地神发怒了，灾难降到了先祖头上。"哈尼先祖离开"什虽湖"，来到"阿撮"人（据说是傣族）生活的一个叫"嘎鲁嘎则"的地方。

哈尼族在"嘎鲁嘎则"只居住了两代人，但发展很快，还向傣族学习了很多技能如破竹编蔑等。这让"阿撮"不安，他们凭借人多势大，驱赶哈尼人。哈尼人"挖一蓬龙竹背上"，决然离开了"嘎鲁嘎则"。时至今日，不管在任何地方，哈尼族村寨周围都栽着龙竹，即始于此。而据哈尼摩匹的介绍，哈尼族在为逝者举行葬礼时，摩匹要时断时续地敲响竹筒是对长满青青龙竹的"嘎鲁嘎则"的纪念。

哈尼先民离开"嘎鲁嘎则"后来到了"惹罗"地方。"惹罗普楚"在哈尼语中，是"寨子很多的地方"。就是在经历了三次迁徙之后，哈尼先民在"惹罗"第一次提出停止迁徙、建寨安居的问题，并建立了第一个哈尼大寨。正是需要精耕细作的水稻种植，是哈尼族开始从游耕民族向定居的稻作民族转变。在这一漫长的转变过程中，与之伴随的社会变革一是从母系制社会转变为父系制社会；二是出现了阶层分化，分化出了直莫、摩匹、工匠"三大能人"，并向政教合一的民族集权制度发展。

正当"惹罗普楚"的定居生活蒸蒸日上的时候，瘟疫却意外地流行开来，"惹罗一天出了七个寡妇……惹罗一夜有七十个独儿子死亡"。为了整个民族的生存，无可奈何的哈尼族先民举众离开"惹罗普楚"，第四次向南迁徙，择居他乡。

离开"惹罗普楚"的哈尼人，不知走了多少日子，走了多少路，一天被一条大河挡住了去路，河之岸是宽广的平原。人们决定渡过河去，重新建立哈尼大寨，这个大寨就是哈尼寻找到的"好地诺玛阿美"。所谓"诺玛阿美"意为"黑色大水中的平原"。史诗描绘到："诺玛阿美又平又宽，抬眼四望见不着边，一处的山也没有这里的青，一处的水也没有这里的甜，鲜嫩的茅草像小树一样高，彩霞般的鲜花杂在中间。一窝窝野猪野牛来来去去，一群群竹鼠猴子吵闹游玩，野鸡野鸭走来和家鸡家鸭亲热，麂子马鹿走来和黄牛骡马撒欢。"这么好的平原正是渴望定居稻作的哈尼族想往的家园，于是，他们在山边安下寨子，在坝子里种植水稻，整整生活了十三代人。在此期间，哈尼族发展了种养殖技术，还学会了种植棉花。财富不断积累的同时，出现了统领多个头人的"乌木"，在乌木所在的罗南山脚出现了定期的集市。

至今，"诺玛阿美"在哈尼族的内心深处是永不遗忘的，是最怀念的"好地"，因为在这里，哈尼被塑造成为了一个南方的稻作民族，不仅普遍采用了育秧移栽的水稻种植方式，而且旱地种植和养殖技术也得到较大发展，"头年过去，一棵苞谷收三苞，两年过去，一蓬芋头挖五背，三年过去，一穗红米收九碗。开出大田，公鸡伸长脖颈啼鸣了，母猪也拖着肚子哼哼，黄牛水牛也挑架，哈尼夜里也不爱翻身。"史诗趣味盎然地描写了这里富足的生活。同时，直莫、头人、工匠"三大能人"政教合一的社会结构也进一步得到了完善。更重要的是,形成了祭寨神(又称祭竜)的规矩,并代代相袭,时至今日,不敢遗忘。在如今的哈尼村寨中,祭竜仍然是一年之中最为隆重和繁琐的节日之一,许多农耕活动和社会意识形态都是围绕着祭竜展开的。祭竜是哈尼族最隆重的祭祀活动之一。每个寨子从建寨时起,就要在寨子后山培植一片风景林,称为竜林,并在林中认定一棵大树为竜神树。林中的一草一木都受到严密保护,任何人不得砍伐和毁坏,也不得在竜林内拉屎拉尿或说污秽话。每年农历三月前后,墨江哈尼族居住的村寨都要举行隆重的祭竜活动。祭竜时各户出钱买鸡、猪到竜神树下杀,由竜头主祭,众人在旁边听、叩头。祭祀内容主要是祈求竜神保佑全寨人不得传染病;不遭旱灾、水灾和火灾;庄稼长得好,人畜两旺不死人等。祭竜的猪肉要煮一些献竜神,凡参加的人要凑一些米,共同在竜神前吃一顿饭。剩余的肉各户平均分配到家,每个人都要吃着一点儿才会得到竜神的庇护。当我们把哈尼的迁徙史与今天的祭竜联系起来,是否可以做这样的推测:正是什虽湖的大火等自然灾害让哈尼人领悟到"老林"、"大湖"等自然环境与自己的生产生活之间存在着荣毁相连的紧密关系,从而萌生了保护森林的朴素生态意识,并与宗教观念相糅合而形成祭竜的民族传统,在祭竜中又反映出对"惹罗普楚"瘟疫的恐惧。

令哈尼人至今念念不忘的"诺玛阿美"究竟在哪里,这是没有确定答案的谜。一些研究者认为,"诺玛阿美"在今四川西南部的大渡河之南,雅砻江之东,即今天的西昌一带。依据是,"诺玛阿美"意为有黑水环绕的平地,而大渡河在汉文献中多被称为"华阳黑水"、"西南黑水",它和哈尼史诗中形容"诺玛阿美"为"一条汹涌的大河分成两边走,一块平地躺在大水中间"相对应。

"诺玛阿美"田园诗般的幸福生活为何中断?哈尼族为何要离开历经磨难才找到的美丽富庶的坝子?原来,第五次迁徙还是民族压迫和驱逐的结果。据史诗记载,哈尼人在"诺玛阿美"的美好生活遭到异族"腊伯"的嫉妒,他们用马驮来各种货物与哈尼族做交易,南来北往的商人云集"诺玛阿美",最后,腊伯的小伙子娶哈尼姑娘,并通过各种权术偷走了哈尼象征统治的"权帽"和"绶带",最终占据了统治权力,残酷地对哈尼族进行压迫,无奈之下,哈尼人"决定离开诺玛阿美,走出这多灾多难的地方",重新寻找家园。

位于半山腰的哈尼族寨

《哈尼阿培聪坡坡》的第五章,讲述哈尼人离开"诺玛阿美"后来到一个叫"色厄作娘"(海边大坝子)的地方生活。据说,"色厄作娘"即今天的大理地区,生活在这里的"哈厄"人接纳了疲惫不堪的哈尼族,划出土地让哈尼人耕种,共同发展生产,哈尼人跟他们相处融洽。但哈尼人发展很快,远远超过了"哈厄",这让他们十分担心。"哈厄"头人说:"不是哈厄变心变肝,做客也有撤席的时候,哈尼歇饱了力气,应当去找自己的家乡。得威水里再没有你们的鱼虾,佐甸山脚你们再不得栽秧!"哈尼人为了不与曾经在困苦时刻接纳了自己的恩人"哈厄"发生冲突,主动退出"色厄作娘",踏上了第六次迁徙的途程。

哈尼人离开"色厄作娘",翻越了"大山千座万座",渡过了"大水千条万条",到了一个大坝子,决定在此重建家园。哈尼族从北往南,经历了无数的征战和苦难,为此,十分珍爱和平,他们把携带的兵器埋起来,把此地命名为"谷哈密查",即"埋藏兵器的地方"。

"谷哈密查"即今天的昆明一带,在哈尼族民间至今依然把昆明称为"谷哈"。据说建国前,昆明还有"窝尼井"。"窝尼"即哈尼族。

除第四章"好地诺玛阿美"外,哈尼族在"谷哈密查"的生活与战争就是《哈尼阿培聪坡坡》中最重要的部分了,整整占去史诗的1700行。在这里,哈尼人为了保卫家园,与外族进行了殊死战斗,进行了一场哈尼族历史上规模最大、最为惨烈的战争。

"谷哈密查"战争要从哈尼人善种水稻说起,他们"开出块块大田,一年的红米够吃三年,山边栽起大片棉地,一年的白棉够穿三年。"好学的哈尼族还从周围浦尼人(异族,有的说是汉族,有的又说是彝族)那里学会了烧石化水、造犁铸剑。"谷哈成了哈尼的家乡,哈尼在这里增到七万","哈尼寨子天天长大,谷哈坝子占去一半"。这样的发展当然是浦尼所不愿看到的,浦尼的头人罗扎把自己的女儿马姒扎密嫁给哈尼族大头人纳索为妾,以期达到"哈尼手杆再粗,也是罗扎的帮手,哈尼脚杆再硬,也是罗扎的跑腿"的目的。

哈尼大头人纳索被美妻马姒扎密迷住了,成天晕头转向,在初春的二月祭竜时被罗扎率兵团团围住。浦尼勒令哈尼向其进贡,在哈尼寨子中间修建浦尼人的神庙。哈尼大头人纳索的妻子戚姒扎密率众解救,他听不进妻子的话。浦尼不断向哈尼人挑战、抢夺。在冲突无法避免的情况下,纳索下令挖出已经埋藏的兵器,开始了哈尼族历史上最为残酷的战争。

史诗浓彩重墨地描写了哈尼族的女英雄戚姒扎密,她协助丈夫纳索打了许多胜仗,采用"火牛火羊阵"使"浦尼的大队被魔鬼(指火牛火羊阵)冲散,像羊群被豹子遍山赶撵,三个人里头,一个被挑死踩死,一个被烧伤烧烂,还有一个被吓得脚瘫手软!"然而,哈尼内部出了内奸——马姒扎密。她把一切战争的准备与计划通过各种手段通报给浦尼,导致哈尼连连战败。战争的场面十分惊人和残酷,"大人小娃被杀被砍,牛马猪羊被拖被牵,到处望见鸡飞狗跳,平平的坝子堆满死人,熊熊的大火烧红了天。"哈尼大头人纳索发现是马姒扎密泄露消息,要杀其泄愤,把"磨快的大刀抵在她的胸前"。但最终哈尼人认为,杀了她也无法挽回战败的命运，原谅了她，"趁着天黑雾大"，率众离开"谷哈密查"，秘密启程开始了第七次迁徙。

被迫离开"谷哈密查"的哈尼人，在头人纳索和戚姒扎密的率领下向滇南转战，途经那妥(今通海)、石七(今石屏)，哈尼族在"石七"住了较长的时间，建起了有名的"纳罗浦楚"大寨。后来，浦尼也发展到了"石七"，并再次与哈尼人发生战争。大头人纳索为掩护民族转移，英勇战死。"谷哈"时期浦尼人的奸细马姒扎密在哈尼族撤离"谷哈密查"后，决然站到了哈尼人这一边。为不使整个民族灭亡，纳索战死后，戚姒扎密和马姒扎密决定在"石七"把哈尼族分成若干支队，向道路崎岖、人烟罕至的哀牢山、无量山转移，以保存自己。较大的为两支，一支由马姒扎密率领进入今元江、墨江境内；另一支由戚姒扎密率领经开远、建水、个旧进入今元阳、红河、绿春等地。史诗第七章讲述的就是这一过程。

由此可见，"谷哈密查"是哈尼族民族命运的转折点，他们在此战败后，被迫分散后逃进深山密林，再次成为山地民族，以开垦耕种梯田为生。正如女英雄戚姒扎密在逃离石七时对哈尼所说的那样："前头有条哈查（指红河），翻滚着红红的大浪，在红水的两边，是青青的大山；那里有遮天的大树，那里有暖和的凹塘，恶鬼恶人难找到，是哈尼中意的地方。"在民族存亡的时刻，哈尼不得不选择了高山。"从前的哈尼爱找平坝，平坝给哈尼带来悲伤，哈尼再不找坝子了，要找厚厚的老林高高的山场；山高林密的凹塘，是哈尼亲亲的爹娘。"在山高林密的自然环境和以稻米为主食需求的双重作用下，哈尼创造了特殊的农业生产类型——山区梯田稻作，成功实现了生产方式的转换。

史诗《哈尼阿培聪坡坡》从青藏高原的"虎尼虎那"开篇，到诺玛阿美、谷哈密查的平坝田园，再到哈尼族整体逃难进入哀牢高山，向我们展示了一幅恢弘壮阔的民族迁徙史画卷。在这一历史画卷中，哈尼人历经了险些灭顶的大火、瘟疫和战争，经历了七起七落的坎坷迁徙，最终浴火重生在森林密密的红河南岸，在那里创造出独特的哈尼文化。

今天，当人们把哈尼人开垦的高山梯田当做一种令人叹为观止的文化遗产来欣赏时，很少有人能体味到哈尼人一次次南迁的悲凉，而更多的人是惊叹于他们天人合一的创造。你看，哈尼寨子总是安在半山腰（海拔约1500~1800米），寨子上头保留和维护着茂密的森林，寨子的下面则人工开出层层梯田。四季不断的溪流和泉水，从寨头森林里流出，流经整个村寨，为村民和牲畜提供充足的水源。从村寨流出的溪流和泉水，连同雨水，带着竜林的腐殖质和村寨的人畜粪便流进大田。梯田不仅活水不断，肥料充足，还可以养鱼、放鸭，满足哈尼人曾经享有的"水涨鱼肥"、"鹅鸭成片"的些许旧梦。这就是勤劳智慧的哈尼民族在大山中创造的稻—鱼—鸭结合的山区水稻生产类型。

在墨江定居的哈尼族，距今已有一千多年的历史。根据史料推测，哈尼先祖从"诺玛阿美"迁出后，分两条路线往南迁徙。一条即早先的和夷自川西南迁经昆明一带，再往南迁至滇东南的六诏山地区；另一条则自滇西北南迁经大理湖滨平坝，然后又分别南下到达今哀牢山、无量山一带。如今居住在墨江的22万哈尼族同胞，就是沿着后一条迁徙路线来到哀牢山中段的哈尼后裔。他们分散在5312平方公里的深山峡谷中，逐渐形成各具文化特色的九个支系，即卡多、碧约、豪尼、白宏、哦怒（西摩洛）、阿木、腊迷、卡别、切弟。九个支系不尽相同的服饰、语言、习俗、舞蹈、工艺、节日等汇集成墨江异彩纷呈的哈尼文化瑰宝，是我中华民族文化宝库中的一颗璀璨明珠。

阅览哈尼族的历史画卷，墨江的许多人文之谜：反复迁徙、哀牢定居、山腰建寨、梯田养鱼、竜林保护、以黑为美（据传，哈尼族最早是穿白衣白裤的，后因战事需要才慢慢形成了崇尚黑色的习惯）……似乎有了或明或暗的答案，然而，心中仍然漂浮着淡淡的忧伤和感叹，就如同哈尼民歌中那挥之不去的哀婉之情。是啊，哈尼族是一个善良、温和的民族，为免流血和生灵涂炭，他们忍痛离

哈尼民居：蘑菇房

开了"好地诺玛阿美"，至今不能遗忘那远古失去的家园；为了不与在危难时刻接纳了自己的恩人"哈厄"发生冲突，他们主动退出今大理地区，踏上了第六次迁徙的途程；他们在战败逃亡之际，原谅了告密者马姒扎密，使其幡然悔悟，最后成为哈尼进入今元江、墨江一带的领军人物。哈尼人饱受战乱之苦，却备加珍爱和平，来到今昆明平坝的第一件事就是埋藏兵器。在蛮荒时代，当弱肉强食的丛林原则还在很大程度上主宰着族群命运的时候，哈尼的善良与温和成了软弱的代名词，使其饱受欺凌和侵占。当历史演进到公元21世纪，哈尼的善良、温和与忍让已经成为民族团结、民风淳朴最深刻的文化基因。这种文化基因无时无刻不在向周围的民族和人们散发着善良、温暖、友好的气息；举世闻名的哈尼梯田又向世人惊现了哈尼族的勤劳与聪慧。我们相信，古老的哈尼族凭借着善良、温和这两个鲜明的民族特征，一定会在中华大家庭中更加熠熠生辉！

## 七、"封火楼"的浪漫爱情

云南少数民族的恋爱习俗不胜枚举、异彩纷呈,墨江哈尼族的爬"封火楼"就是广为流传的一种浪漫习俗。当热情好客的墨江人向外来客描述这一习俗时,外来客总是瞪大了眼睛,一脸的好奇,接下来他们就会强烈要求主人领着去看"封火楼"。然而亲爱的读者,不得不让您失望的是,如今"封火楼"越来越难觅踪迹,估计要不了多久便会消失殆尽。但"封火楼"所反映的哈尼青年对待爱情之勇敢、浪漫的情怀恐怕不会随着民居建筑样式的改变而改变,反而有可能在现代文明的条件下演化为更加精致含蓄,也更加令人陶醉的民族风情。

所谓"封火楼",以其说是一幢楼,不如说是哈尼族传统民居的一个组成部分,而且是极其简单的一个附属部分,简言之,就是汉族所理解的"阁楼"。我们知道,哈尼传统民居有漂亮的蘑菇房,还有错落有致的土掌房,当然更多的是土坯茅草屋。"封火楼"就是土坯茅草房的平顶与人字形茅草屋顶之间形成的三角形空间。哈尼族的白宏、腊米等支系把这个空间叫做封火楼,因为它有阻隔屋内火塘的火苗,以免烧到茅草房的作用。

哈尼族的白宏人和腊米人又把封火楼称为"火颂"。"火颂"的另外一个用场是给成年以后的孩子当"卧室",里面不放粮食,而是堆放喂牛的稻草。旧时的哈尼人家一般都不宽敞,孩子小的时候和父母挤着睡在一屋,到了成年,一般也就是十三四岁的时候,就要和父母分室而卧了。这时,最方便的解决办法就是让他们去"爬封火楼",睡在暖和的稻草堆里。有条件的人家,会打理一下孩子的"卧室",把封火楼两侧用木板封好,开一个小窗作为门,没条件的人家,只用土坯封堵一侧,另一侧就开着当门用。为了让青春年少的子女出入方便,不一定要惊动堂屋的家人,父母又会在屋外封火楼的"门"(实际为阁楼的窗)下竖起一根粗竹竿或柱子,在竹竿上留下枝桠方便攀爬,或在柱子上砍出台坎成为独木梯。

哈尼农家的封火楼

封火楼既然是少男少女们睡觉、玩耍的地方,自然而然地就成为男女青年谈情说爱的场所;封火楼既然是"楼",男女青年绕过家人从竹竿或独木梯上悄悄爬进封火楼与心上人约会的活动也就被叫做"爬封火楼"了。

在汉文化传统里,有很强的婚前"守贞"观念,少女的贞洁被视为女性道德的鉴证,也是新嫁娘不可忽视的重要身价,所以,女孩一旦进入怀春期,他们的父母总是小心翼翼地保护女儿不被侵犯,以各种方式婉转地让女儿明白"贞节"的重要性。他们会留意女儿身边的每一个男孩,告诫她们警惕某些"不安好心"的家伙,父母这种提心吊胆的守护神心态恐怕直到女儿出嫁才得以解脱。虽说"守贞"观念早已被归入封建意识,但绝大多数父母处于害怕女儿"吃亏"、受到伤害、影响学习及未来婚姻的心理,仍然神圣地履行着婚前守护神的职责,于是,反对早恋、婚前守贞的汉文化习俗在即将跨入现代化门槛的中国仍然被延续着。相比之下,包括哈尼族在内的许多云南少数民族并没有根深蒂固的"贞节"观念,把少男少女谈情说爱、谈婚论嫁视为极其正常的事情,大多报以任其自然、开放宽容的态度,所以人们常说少数民族自古就是自由恋爱,很少有包办婚姻或父母的横加干涉。如果在对象问题上子女与父母冲突,社会舆论总是站在子女一方,子女在不得已情况下以逃婚方式解决冲突,"害羞"的不是子女而是不通情理的父母。

哈尼族的婚恋观似乎更加合乎于自然及人性需要，他们认为，孩子到了十三四岁就应该谈情说爱找自己的意中人了，这不仅是自然而然的事，也是繁衍后代、家族兴旺的重要事务。他们在古歌"哈巴"中唱道："小牛大了要顶角，男女到了十三四要成对"。因此父母不仅不会干涉子女"早恋"，还会为他们"爬封火楼"创造条件（建堵墙时留下门窗，竖起竹竿或独木梯，对楼上的响动假装没听见，甚至疼爱女儿的母亲会起来为女儿准备夜宵等等）。反过来，倒是为自己的儿子没有找到可以单独带出去爬封火楼的姑娘，或为自己的女儿没有男孩单独带出去爬封火楼而担心。于是，民间就有了哪家的竹竿被爬得越滑越亮，哪家的女儿越有本事、越值钱的说法。

但亲爱的读者，您千万不要以为哈尼族开放到不追求精神契合的地步，实际上，"爬封火楼"活动是分阶段的。刚刚住上封火楼的男孩女孩们，总是同性好友约在一个封火楼上玩耍聊天。他们也会成群结队地"串"封火楼，三个一群五个一堆地聚在一起，男女对歌、游戏说笑。就在这样一种集体交往过程中，男女青年彼此增进了了解，沟通了心灵，直到某一天的某一对男女产生了爱情，他们就会笑眯眯地站起来，笑嘻嘻地和大家告别。然后他俩从窗口顺着竹竿滑下去。从此他们就不会来这里约会，而到女孩子家的封火楼约会去了。

每次约会的时候，女孩子在自己家里的封火楼等待。那个男孩子就在窗下吹巴乌，女孩子也吹起巴乌。男孩子唱歌，女孩子也唱歌。感情联络到一定的时候，女孩子就向窗下的男

*爬封火楼*

孩子发出信号,男孩子就爬竹竿上去,女孩子把男孩子从窗口拉了进去,从此,他们就开始了进入真正的谈情说爱阶段。当双方感情加深,难分难舍之时,他们会互相赠送定情物,山盟海誓做永不分离的夫妻,甚至在女方姨妈的帮助下,找一个村外僻静的地方举行定情仪式。

当姑娘把有了心上人的事告诉父母,一般都会得到家人的理解和支持。待秋收时节到来时,姑娘家就会通知小伙子前来说亲,择日成婚。一旦结了婚,男女双方就和睦相处,互相忠诚,大都能白头到老。也许,正是因为充分的自由恋爱,使得哈尼族的家庭一般都比较稳固,婚姻质量也比较好,离婚和家庭暴力都是很稀罕的"怪事"。

当然,男女青年的恋爱既然是自由的,就会有分有合,也可能未婚先孕,但这些现象也被认为是自然而然的,很少引起家庭内部的暴风雨,也不会导致两家人反目成仇。如果女方已经怀孕,赶快说亲结婚也是皆大欢喜;如果恋爱不顺利,两人中途分道扬镳,或是因父母反对子女也同意分手,相互之间并无仇怨,仍旧是好朋友。有的哈尼小伙甚至把初恋情人的小帽珍藏在自家的箱子底直到永远,却并不会影响夫妻感情。碧约支系的未婚姑娘要戴一种平顶小帽。小伙子可以抢梦中情人的小帽以示爱。如果姑娘要回小帽,小伙子就没戏了,如果姑娘不讨回小帽,反而摘下胸前的银纽扣由托言人转交小伙,恋爱就拉开了序幕,这就是碧约人的"抢小帽"习俗。墨江民间就有"财富穿在老婆身上(家里挣的钱打成妇女服装上的银饰品),情人的小帽藏在箱子底下"的说法。

爬封火楼是自由的,会不会爬上去以后,情敌相见,分外眼红呢?这确实是一个问题,但封火楼上的窗子可以解此难题。当月亮升起来以后,如果看到封火楼的窗子开着,说明这家的姑娘或小伙子还没有心上人,有意者可以欢欣鼓舞地去爬封火楼,但如果主人不愿意,还是得顺竿滑下来或顺梯爬下来;如果窗子已经关上,说明已经有人捷足先登了,后来者只得偃旗息鼓,不可以去打扰心上人甜蜜的梦。

没想到吧，就在封火楼这样一个小小的简陋空间里，曾经装载着哈尼人多少甜蜜的爱情和对未来幸福生活的憧憬！而今封火楼随着民房建筑样式的改进已经濒临绝迹，封火楼的浪漫故事又该如何演绎呢？别着急，作为文化核心的观念总是比较"坚硬"的，当承载观念的器物消失后，观念还会依托其他的器物，或以新的方式继续传承着没变的观念。哈尼族不是有很多节庆吗，"米索扎"（十月年）、"苦扎扎"（六月节），甚至葬礼中的"摸搓搓"都是男女青年自由交往、谈情说爱的大好时光。他们在节庆的公共活动中，眉目传情，暗送秋波，晚上，就成双结对地在月光下相会，或在树影婆娑的小树林，或在田间地头的草垛

跳竹竿舞的哈尼姑娘

下，吹起响篾或绿叶表达爱慕之情，唱起柔情似水的情歌传递真情实意。这种月光下的约会被叫做"串姑娘"。"串姑娘"和"爬封火楼"有异曲同工之效，得到父母们的鼓励。孩子们一旦进入青春期后，晚上很少守在家里，他们会相约去"串姑娘"，就像前辈们集体去"爬封火楼"一样，开心、大方而又潇洒。一个小伙子在成婚之前，若不串上三几个姑娘，说明没有本事，而姑娘若不被三几个小伙子"串过"，说明没有魅力。时至今日，在许多哈尼山寨，每当夜幕降临，你会看到手电筒光像萤火虫一样闪着亮光在村前寨头游动，时亮时灭，那就是"串姑娘"的活动信号。城里人是在酒吧歌厅谈恋爱，山里的哈尼青年才是花前月下的真正享有者。

了解了"爬封火楼"、"串姑娘"、"抢小帽"的习俗后，也许汉族朋友会惊叹于哈尼人的浪漫开放，还可能对哈尼父母们对子女的宽容态度不甚理解。但是，如果我们抛开先定的汉文化传统观念来看问题，难道这些习俗不是更符合人类繁衍和人的情感需要的吗？在哈尼人的心灵深处，"爬封火楼"、"串姑娘"是子女寻找终身伴侣的必经之路，是天经地义的事，父母不该干涉，而是应该心安理得地接受它，帮助子女找到情投意合的人，早日结婚生子。就是在这样一种极其朴素、不掺杂现代人诸多功利考量的思想支配下，传统的浪漫爱情才得以在质朴的哈尼人中世代延续。

下面引用一首哈尼情歌，以反映哈尼族青年追求爱情的主动态度。

*痴情的姑娘我，*

*年年养着一片草，*

*等着阿哥来剪割。*

*白天干活不在一个山头，*

*傍晚归家只求同一路，*

*想着时我们可以脸对脸，*

要说时我们可以心对心。

我俩来逗着,

坐下来说说;

人不会来看,

鬼不会来看;

人来鬼来也不怕,

哪个要看让他看。

再引用另一首情歌,反映哈尼人追求爱情与婚姻相统一的坚定立场。

合心合意我俩人,

好像一对不愿分离的牯子牛,

就像两条相互缠绕的林中藤。

不愿分离的牯子牛啊,

洪水涌来不散开;

相互缠绕的林中藤呀,

铁打镰刀割不开。

不求两个漂亮的人做夫妻,

只求两厢情愿的人做夫妻;

不求两个聪明的人成一家,

只想两心相爱的人成一家。

合心合意你我俩,

两亲相爱做夫妻;

生时同屋做一家,

死时同坟葬一墓。

## 八、神秘的新抚岩画

在墨江县的西北部，有一片489平方公里的辖区叫新抚乡，乡政府所在地距离县城106公里。新抚乡全境以南北向山脉为主，地势从中向东西两侧倾斜。乡内溪流纵横，属红河水系，峰石嵯峨，属哀牢山脉。全乡海拔在800~2158米之间，平均气温16℃，以南亚热带气候为主。在新抚乡境内的哀牢山上有哈尼族英雄田四浪营盘遗址、跳神石、珍稀植物红豆杉树、朝山庙、鸡卦石、乌龟石、雷打石、将军石等景观。千百年来，最令当地人感到骄傲而又神秘莫测的景观是鸡卦石。

鸡卦石位于乡政府所在地之南的新塘村大梁子组，在那里有一片数平方公里的红石岩群。据传说，红石岩群主悬崖上有一块巨石，在松动下滑时破裂而一分为二，吊挂在悬崖中间。其裂开的剖面是红色基质的石面，上面居然显现出许多凸出的白色图像，类似刻画在巨石中心的浮雕。这些"浮雕"是数十个排列有序的人像和一个神秘的乌龟形象，每一个人像分别单独成型。所有人像，都双手举向天

鸡卦石上的白色岩画

空，双足支撑大地，似乎在昭示着什么深奥的哲理。图像红白相间，异常醒目。更为奇特的是，这块巨石上的图案会因季节和天气的变化而出现不同的颜色，于是，一些风水先生每逢占卜总是要来到此地，根据岩石和神秘图像的颜色变化来看卦，鸡卦石由此得名。但也有另外一种说法，认为是这块巨石形如鸡卦而得名。总之，红石岩山僻路远，山峰陡峭，大多是悬崖绝壁，人迹罕至，为传说不一的鸡卦石增添了神秘色彩。这种神秘感在人们的思维和想象中被加工、放大，于是，鸡卦石上的神秘图像被演绎为神灵启示人间的某种符号，令人产生无穷的遐想。

也有人试图以自然的原因来做解释，认为巨石上的图案是天然杰作，即系石头上的天然纹脉自然构成，俗叫石筋。也有人认为石中的人龟图案是化石，因无数年前的海底运动，把活生生的动物实体与泥土凝结而成。但是，这些排列有序的人龟图像分明是在表现某种人类的活动，根本不可能是鬼斧神工的自然造化，而应是人力所及的结果。那么，这些符号般的图像究竟出自于何人之手，他们处于什么目的而绘制？名之鸡卦又是否还有其他渊源？这一系列的不解之谜困惑着当地人，直到2009年2月的一天，根据当地人的推荐，云南省第三次文物普查工作者亲临墨江县新抚乡实地考查，才揭开了千年奥秘，原来令当地人感到神秘莫测的那些古怪图画是一组距约2500~3000年前的远古岩画！2009年8月24日，云南省和普洱市第三次全国文物普查工作督察组一行到墨江县视察工作，确认了这一重大发现。从此"新抚岩画"的名声不胫而走，成为一些考古爱好者向往的地方，当地相关部门正在积极申报云南省重点文物保护单位，以期进一步保护和研究。

经过全面考察，新抚岩画一共有三个点，分布于红河水系李仙江流域的四甲河上游，自南向北呈一线散布。第一个点就是前述的新塘村红石岩的鸡卦石，岩画面积为3平方米，目前保存较好的图案有43个(其中动物图案2个)，坐北朝南，用白色矿物质画成，内容主要是古人类狩猎、祭日、舞蹈等生活场景，包括人物的动态造型、野羊的图像以及数个抽象符号,多数图案生动地表现了远古人类正在舞蹈。

鸡卦石岩画中有一些图案则显得十分特殊,比如有两个图案表现的仿佛是一个人灵魂出窍了,又像是一位通灵的巫师正在作法,又仿佛是要表现一个竖排的人群,显得诡异而神秘。

第二个点是平掌村四甲河组的朝山庙。岩画在距离四甲河河堤120米处的一个石头平台上,建于清朝的朝山庙也坐落在这个平台上,朝山庙目前只有庙门等遗迹,但在民间一直认为这是"求子非常灵验"的地方,从古至今到朝山庙烧香朝拜的人络绎不绝。朝山庙岩画分为上下两部分,岩画面积20平方米,石壁风化后剥落严重,在目前可以辨认的10个图案中,除2个动物图案外,其余是在进行祭祀活动的人像,其中,有两个图案很有价值,一个是位于石壁中部的一个正身人,从图中可以清晰地看到有六只手臂,可能是作者想表现一个纵队的队形;另一个则是一个表现女性的图案。这一图案表明,绘制岩画的远古先民已经能够表现不同性别的人了。岩画坐北朝南,用红色矿物质画成。据有关专家推测,由于长期的自然风化,加上建庙时可能有人为破坏,朝山庙岩画损坏非常严重,否则无论从数量和特点看,都应在我省岩画中占有重要位置。

第三个点是平掌村冬瓜树组的彭炳文仓房。彭炳文是清朝同治年间的殷富人士,为躲避田四浪农民起义的收缴,把粮食藏在了两处崖壁之下的空间内。彭炳文在崖壁上书写了署名文章,如今文章已经无法辨认,但其署名还清晰可见,所以就把这两个藏粮处叫做"彭炳文仓房"。岩画就位于"彭炳文仓房"上方的崖壁上,面积为16平方米,目前

*神秘的岩画图案*

保存较好的图案有30个(其中动物图案2个)，用红色矿物质画成。彭炳文仓房岩画内容反映的最多的是祖先崇拜和自然崇拜，而最有意思的是出现了多处反映祭日内容的图案。

新抚岩画主要以写实为主，也有一些写意的形式，它们以稚拙、质朴、简约的艺术手法，形象生动地表现了古代原始氏族部落天体崇拜、图腾崇拜、祖先崇拜的文化内涵，在云南省近年发现的岩画中实属罕见。根据原墨江县文物管理所黄江华所长（现在普洱市博物馆工作）的介绍，如果用碳十四等同位素方法来检测岩画的年代，在取样时势必会对岩画造成新的损坏，所以，对新抚岩画的年代判断方法，是将其与云南省的沧源、元江、文山以及广西左江的岩画进行对比，根据它们之间共同的时代特征，诸如在所有图案中没有出现服饰、兵器或其他物品，以及非常接近的表现手法和工艺水平等，推测它们应该出自于同一时期，即距今已有2500到3000年的历史，具体年代相当于中原地区的春秋战国早期。这一推测，是迄今实地考察过新抚岩画的文物专家们的一致意见。墨江县新抚岩画群的发现，填补了普洱市没有远古岩画的空白。

虽说新抚岩画是在2009年才被发现的，但实际上这些岩画群自从绘制出来之后，就一直处于自然状态，历经数千年的风雨侵蚀和人类活动的影响，已经损坏得比较严重。相对保存比较完好的鸡卦石岩画，是得益于老百姓过去将之视为"神物"，出于对神灵的敬畏或害怕招致灾祸而不敢去观看和触碰，但近年来，人们知道它并非"神物"，而是古人留下的岩画之后，来攀爬、观看的人们逐渐增多。可以预见，随着人类活动的增加和温室效应的加剧，如不及时加大保护力度，珍贵的新抚岩画群将面临着消失的危险。

所幸的是，新抚乡、墨江县和普洱市都已经重视和加强了对岩画的管理和保护。新抚乡出台了岩画的保护管理办法。墨江县人民政府在2011年申报云南省第七批重点文物保护单位，目前已经列入预备名单，有望在2011年底公布。如果申报成功，将为岩画的保护及当地的旅游开发创造重要条件。

我想，凡是到过墨江新抚的人，都会对那里的巍峨群山、茫茫树林、皑皑云海留下深刻印象。应该说，新抚的许多峡谷深壑至今还是"藏在深闺未识人"。据新抚乡党委的彭富学书记介绍，从新塘村大梁子组的红石岩（鸡卦石所在地）可以进入一个人迹罕至的大山谷，里面奇峰突起，岩群连绵，怪石嶙峋，溪水清幽，风光迤逦，可与张家界相媲美。如果游客能够以探险的精神，徒步进入此山谷，将会恍若误入仙境，不见人烟，只见云雾在如诗如画的奇山异水之间穿行、飞渡，给身心疲惫的现代人以最好的精神洗礼！峡谷奇观配以千古岩画，难道不是一处难觅的融人文与自然为一体的风景区吗？对家乡的热爱转化为发展的动力，新抚乡党委和政府正在积极寻找商机，争取引入资金把名不见经传的墨江新抚打造成为一个新的旅游目的地。据悉，修建大理至臭水的高速公路，已经被列入普洱市的"十二五"规划，此高速公路途经景区附近，哀牢山经济干线穿新抚乡而过，"十二五"规划期间修建一条高等级公路。不远的将来，游客前往新抚旅游，令人望而生畏的交通将不再是问题。

朝山庙岩画所在的山谷

## 九、"万燕之城"的由来

笔者是在3月初到墨江挂职的。一到那里就有人介绍说墨江县城是一座"万燕之城",抬头看看,蓝天白云下确实有一些黑色的小燕子飞来飞去,伴着尖锐而短促的鸣叫。或许是家燕太过于普通,或许是雨前燕子低飞是司空见惯的现象,一时没有对"万燕之城"产生强烈的感受。

六月中旬的一天,天气炎热,乘着傍晚难得的清凉,我们几个人沿着"新建路"散步,当行至接近墨江县城的主街道——回归大道时,所有人的注意力被一片叽叽喳喳的叫声所吸引,不约而同地抬头张望,噢,就是那些黑色的小精灵,他们像过节一样在街道的上空穿梭飞行,数量比以前多多了,我们为之兴奋起来。当视线跟踪它们飞行时,发现它们飞行的速度极快,转弯也异常迅速,忽上忽下,时东时西,穿梭如箭,敏捷伶俐,与大雁南飞的整齐有序不可同日而语,倒是像小孩子过节赶庙会那样,一路兴奋地叫着嚷着,到处乱跑乱串,于是,街道上空呈现出一片万燕翻飞、鸟鸣啾啾的欢快景象。我正看得入迷,身边的小黄急急地说了一声"把嘴闭上",说时迟那时快,一小块鸟粪清脆地落在我的肩上,小黄马上说"这是福气哎,燕子是吉祥鸟,只会带来福气",听毕,我们都开心地笑了,马上加快了步伐,以免"福气"多多。

没想到,当我们走到十字路口,也是墨江县城最繁华热闹的街区,一幅更加开阔、大幅的"万燕翻飞"图景展现在眼前,极目望去,四面八方无数小黑点正急匆匆地向这个路口汇集,小黑点渐渐变大,又慢慢显出家燕特有的镐头身形,天空一片"燕子的天下",十分壮观。它们这是在干什么,是集中到这里和人凑热闹呢?还是即将在这个路口召开"全县燕子大会"?顺着小黄指示的手望去,哎呀,高高的电线上站满了小不点,密集处形同葫芦串,稀疏处好像五线谱。噢,原来小燕子们是想在天黑之前找一个"歇处"(墨江人把晚上睡觉的地方叫"歇处")。我们顺着南北走向的回归大道南行,电线上的"歇客"逐渐稀少,以至消失,说明最受他们亲睐的"歇处"还是那个下面人头攒动的十字路口。原路返回时,我特别留意了小燕子的

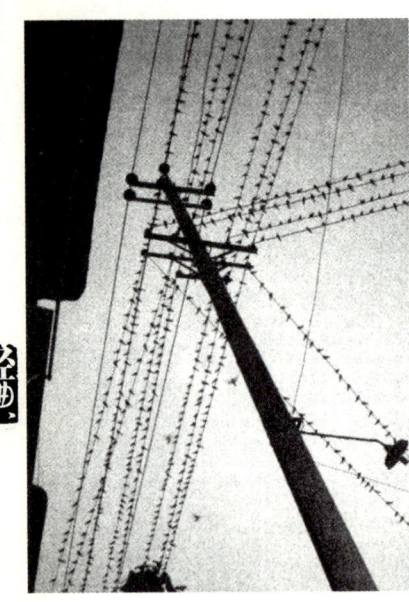

蓝天之下热闹的"集市"

"歇状",在回归大道与新建路交叉的路口,几乎所有电线都"歇无虚席",全部成了平行排列的"葫芦串",路口附近的几条巷道里也大致如此,但约80米以外歇脚的主就少了。凡是燕子选中歇脚的街道上,无不布满了星星点点的粪迹。一直到夜晚九点以后,燕子叽叽喳喳的叫声仍然随处可闻,成为墨江夏季夜晚一种特有的"背景音乐",即便在室内也不绝于耳,就好像北方夏季的蝉鸣声。

从那天以后,我就比较注意燕子的动向。整个夏天几乎天天如此,一旦日近黄昏,成千上万的燕子就开始聚集县城;夜幕降临,成千上万只燕子就驻足电线,这一壮观的场面,引起了不少行人驻足凝望;每遇雨前,无数燕子就横冲直撞,欢呼雀跃,享受着老天爷赐予的大餐。在老城区散步时,我又发现了几条燕子选中的老街道,狭窄的街道上空,也是歇满了燕子的电线,路面上同样是"福

气"点点。在上班路上，我还在几个高层建筑的屋檐角发现了灰色的、形同蜂窝的燕窝，好像是几个燕窝重叠在一起。

看来，"万燕之城"果真名不虚传，万燕翻飞、紫燕绕梁的确是墨江县城一道令人陶醉的风景！多数人告诉我，燕子聚集墨江城的现象，大约已有十多年的历史了。一年365天墨江县城燕子都比较多，从不间断，但以夏秋数量为甚，夏至日前后达到最高峰。燕子是一种候鸟，春来秋去，南来北往。它们为什么对墨江情有独钟，恋恋不舍呢？很多人都在寻找答案。我问当地人，为什么墨江有这么多燕子？答：气候适合。但气候适宜的城市应该不止墨江吧？我问为什么夏秋燕子特别多？答：他们是候鸟。那么冬天它们在哪里安家呢？我问燕子为什么歇在电线上？答：电线暖和。但同样暖和的其他电线为什么不能吸引它们呢？我问燕子很敏感，根本不让人接近，为何要在闹市区安歇？笑而不答。看来墨江人早已习惯了和燕子共度春秋，也很喜欢这些高高在上、吵吵闹闹的小精灵，但对于外地人的惊讶与困惑，他们不会给出权威的科学解答，而是以一副坦然、从容的笑容，让你察觉到那种享受着天人合一、人鸟同乐的满足。哎，谁让我们的家乡没有这个福分呢！所以只有外地人才会大惊小怪，追问不舍。看来，只有求助于鸟类专家喽。如果他们能帮我们揭开谜底，也就能让我们明白我们的家园少了什么燕子喜欢的东西。

我向云南省有名的鸟类专家王紫江教授请教，王教授向我讲授了一些燕子的基本知识和生活习性，他告诉我关键是要弄清墨江燕子的种类，还要摸清它们聚集县城的季节性规律。他的点拨使我茅塞顿开。除了持续观察县城的燕子外，我开始多方打听县域内有没有关注"燕子之谜"的热心人士。令我喜出望外的是，几个热心人士竟然就在身边，他们是龙潭乡的黄薇乡长、县志办的邓起文主任，向他们讨教后有豁然开朗之感。还有普洱市气象局的雷仲仁、马学文发表在广西测绘政务网上的《回归线上燕子栖居墨江城初探》也颇有启发。我把从各种渠道搜集到的信息综合以后，以一个业余爱好者的理解力尝试着向读者解答墨江的"万燕之谜"。

燕子的学名是"鸟纲雀形目燕科"动物，燕科鸟类广泛分布于除两极地区以外的世界各地，共有大约17属78种，我国共有4属10种，如沙燕、岩燕、毛脚燕、金丝燕等。燕子嘴短而扁，翅膀尖而长，尾巴分开像剪刀。人们最常见、最熟悉的莫过于家燕和金腰燕。家燕身长17厘米，体重15至18克，上体蓝黑色，额和喉部呈棕色，前胸黑褐相间，下体其余部分白色，尾基部有一行白点。它体态轻捷伶俐，两翅狭长，飞行时好像镰刀。飞行如箭，能在比其身躯长度还小的距离内作九十度转弯，这些灵活飞行的技巧，使它们能在从事惊险旅程时解围脱困。燕子经常在空中穿梭飞行，速度极快，刮风下雨对它们也没有多大影响，反应十分敏捷，张开嘴巴能在空中捕捉各种飞虫，并不时地发出几声短促、尖锐

月亮下美妙的"乐章"

的鸣叫，蚊蝇以及鞘翅目、鳞翅目、膜翅目类的各种昆虫都是它们喜欢捕食的对象，对农作物有益。

在墨江老百姓中，自古就有"燕子吉祥"的观念，认为只有家运顺通、家风和睦的人家燕子才会来做窝，所以无论城乡，都把燕子来自家搭窝看做是一件吉利、喜庆的事。在县城附近的许多寨子，还有在堂屋房梁钉上大钉子，将其敲弯以便燕子搭窝的习惯。在这些人家里，早晚燕子从堂屋里飞出飞进，就如同家人日出而作，日落而归一样平常自然，不仅不会妨碍主人们的生活，反之，还会使他们心里洋溢着"你看，我家家运不错吧"的优越感。"几只早莺争暖树，谁家新燕啄春泥"不就是对这种人燕共居生活的写照吗？说来也奇怪，燕子夜晚也喜欢与人同室而居或"屈居"主人的屋檐之下，大白天则喜欢与人凑热闹，在人群聚集处嬉戏捕食。王教授告诉我，这正是家燕的特点，否则怎么会被叫做"家燕"呢。墨江人素有喜吃虫、鸟的习俗，所以，蜂蛹、蚂蚁、知了、谷雀、竹虫，甚至于松毛虫的蛹都是餐桌上的"生态美味"，但唯独燕子例外，民间的说法是，哪个打吃了燕子就会生"瘌痢头"（头癣病），于是，家燕在传统文化的保护下，成为墨江不断繁衍的一个物种，得以与人共享"发展"成果。不信您看，随着近十多年墨江县城的迅速发展和生态改善，家燕不仅数量增多，而且也在与时俱进，改变了一些生活习性。

本来，墨江的家燕是"夏候鸟"，即春天飞回墨江筑巢繁殖，秋天飞往气候更加炎热的南方越冬，翌年春天又北返墨江，如此年复一年，生存繁衍。对墨江来说，家燕是夏候鸟，对越冬地来说它们是"冬候鸟"，对迁徙的途径地来说，它们就是"旅鸟"。如

*屋檐下的温情一幕*

果家燕发现某个地方特别适宜其生活，不再迁徙而常住下来则被称为该地的"留鸟"。我们需要解答的第一个问题就是，作为墨江"夏候鸟"的家燕怎么会在近十年来变成了"留鸟"。大家比较一致的看法是，气候是第一位的原因。因为燕子是一种恒温动物，可以随着气温变化调节自己体内的温度，保持比较恒定的体温以保证其生理活动正常进行。但燕子的体温调节能力是有限的，气温过热或过冷都会影响其生长发育，还可能诱发疾病，因此它们为生存所迫，春来秋去，南来北往，飞跃高山、海洋和沙漠，为的就是避开严寒和酷暑。

一般而言，年平均温度在15℃～20℃之间，年平均降水量在1200～1500毫米之间，年平均相对温度在60%～80%之间，年日照不少于2000小时的环境，是最适宜燕子生长和繁殖的地方。根据墨江县气象局提供的《墨江县历年平均气象资料》，墨江的年平均温度为18.2℃，年平均降水量是1322.7毫米，年平均相对湿度为79%，年平均日照时数是2289.7小时，而且温差、日照差和湿度差都比较小，非常适合于家燕生存，所以，墨江吸引家燕"留下"的主要原因的确是气候。伴随气候次生的原因，还有食物丰富；遇冷冬时只需就近飞往元江等其他因素。说起燕子的食物——昆虫，墨江也可谓蔚为大观，由于终年温暖潮湿，蚊、蜂、蚂蚁、蚱蜢、蝉等昆虫种类繁多，随处可见，对外地人还是一个不小的考验呢。初来乍到者通常会抱怨受不了墨江虫子的叮咬，但也正因为虫子多，墨江才盛产野蜂蜜、桑蚕茧、黄蚂蚁（一种治疗风湿病的原生药）等土特产品，来墨江也才能尽情地享用油炸蜂蛹、蚂蚱、竹虫、"知溜"（一种蝉，昆明人称之为"知了"，墨江人则叫"知溜"）以及茴香凉拌蚂蚁蛋等风味独特的美味佳肴。

墨江的燕子为何"露宿"街头电线呢？其实，成年燕子是不需要夜宿窝巢的，它们栖息在树丛里。"燕窝"主要是为孵化小燕宝宝而建的"产房"和"幼儿园"。据观察，墨江县城的燕子，白天飞向城郊附近的丛林间觅食，夜晚即飞回县城，夜宿在电线以及电线旁边浓密的榕树丛里。或许是因为平坝都建起了房屋或被开垦为农田，燕子栖息的树丛没有过去那么多了，燕子依其喜欢聚集在人多的地方的习性，就在傍晚聚集到县城繁华地段的树上歇息。如是推之，整个城里没有比新建路与回归大道的交叉路口更为理想的栖宿地了。喜欢晚饭后散步的墨江人大多要经过这个路口，所以黄昏时分这里总是熙熙攘攘，旁边全城最大的农贸市场又总是以其特殊的气味引来无数昆虫，在路口的街灯下飞舞成团，成为燕子回家路上顺便的"夜宵"。我们可以设想，燕子发现这些好处之后，不免携家带口，难说还一传十传百，于是，成千上万的燕子云集县城，终于，新建路与回归大道的交叉路口的榕树容纳不下慕名前来的"新客"了，于是，许多新来户就歇宿在榕树旁边的电线上，结果发现电线也很不错哩。一来凉快，视野开阔，起落方便；二来没有树叶掩蔽也非常安全，因为从来没有人会伤害或打扰它们。更重要的是，燕子夫妇可以分别站在平行的两根电线上，全方位地、含情脉脉地对视对方。据说，墨江电线上的燕子都是成双成对的，所以一根电线上大多是雄燕，旁边的那根电线上站着的就基本上是雌燕了。这一充满温情的景象是很难被考证的，但我宁愿信以为真，那种经过一整天奔波劳碌之后的"夫妻对望"，该是多么温馨和甜蜜啊！

　　家燕和我们人类都遵从一夫一妻制，但家燕中绝无"丁克家庭"，它们一年要繁殖两次，每次产卵4~6枚，一般是在4月到7月间繁殖。当繁殖季节到来时，燕子夫妇主要是在县城附近村寨的房檐下或屋梁上共建"家园"，也有把窝建在县城高层建筑的屋檐角上的。燕窝由泥土、稻草、羽毛混合唾液筑成，外表呈半碗状。一个新巢筑成大约需要花11天时间，幼鸟出壳一般需要14~15天。雏燕出世后雌燕还要在窝中抱雏，觅食的重任自然落在雄燕身上。"须臾十来回，犹恐巢中饥，辛勤三十日，母瘦雏渐肥。"雄燕平均每天要往返巢中200次左右，捕捉数以千计的昆虫来喂养幼燕，待雏燕羽毛渐丰、食量大增时，雌燕才帮着雄燕一起外出觅食，以喂饱一窝小燕。雏鸟约20天出飞，再喂5~6天，就可自己取食了。待小燕羽翼健硕之后,燕子一家就可以过上白天野外觅食,夜晚露宿街道电线的"现代生活"了。根据我两年来对燕子数量的观察,感到墨江县城既有燕子的"常住人口"即"留鸟",也有一部分"流动人口"及"夏候鸟"。

王紫江教授告诉我,在墨江作为"夏候鸟"的家燕,最有可能是飞往东南亚、南亚地区越冬。墨江的深秋并不寒冷,树叶仍然是碧绿的,完全没有北方秋风扫落叶、万物竞萧疏的景象。也许是"夏候鸟"体内的基因会发出南迁的信号,所以,仍然有一部分"守旧"的家燕按照千百年来的传统,振奋起那看似脆弱的翅膀,飞向越南、泰国、孟加拉、印度等国越冬。

燕子是人类的益鸟,主要以蚊、蝇等害虫为主食,几个月就能吃掉25万只害虫。据统计,一窝燕子在一个夏天吃掉的昆虫达100万只,也有人说一只燕子在一个夏天吃掉的虫子一个接一个地排起来,可长达1000米。燕子是人类亲密的朋友和吉祥喜庆的象征。家燕从石器时代起到今天,几乎全都筑巢于人类的建筑物上。正因它与人类形成了亲密关系,又以蚊蝇等害虫为主食,虽未被列入保护动物名单,但人们仍一如既往地珍视它。奥地利和爱沙尼亚两国都把家燕选为国鸟。我国有"身轻如燕"的成语,常把身材苗条、体态轻盈的女子比作燕子。历代古诗词中也常见燕子的身影,诗人们不仅把贴近日常生活的家燕当成感情的见证人,还喜欢借言于燕,抒发人们种种复杂、微妙的情愫。"去年燕子来,帘幕深深处。今年燕子来,谁听呢喃语?"叹的是人走楼空、物是人非之悲。"旧时王谢堂前燕,飞入寻常百姓家。"感的是世事变迁、今非昔比之慨。还有一些诗词是睹物生情,借燕子习性,表达相思之情和对爱情的美好憧憬,如周恩来的《春日偶成》写道:"燕子声声里,相思又一年。"在《乐府诗集·杂曲歌辞十三·杨白花》中有:"秋去春还双燕子,愿衔杨花入窠里。"杜甫也有《绝句》:"泥融飞燕子,沙暖睡鸳鸯。"作为万燕之城的墨江怎能不令人思念、令人回味呢?